KB119047

피메일스

FEMALES by Andrea Long Chu

First published 2019 by Verso Books, London.

This edition published by arrangement with
Verso Books, London through Danny Hong Agency, Seoul.

피메일스

안드레아 롱 추 지음
박종주 옮김

위즈덤하우스

목차

일러두기

1. 모든 각주는 옮긴이의 것이다.
2. 이해를 돕기 위해 덧붙인 옮긴이의 말은 대괄호([ ])를 사용했다. 단, 인용 부호 속에 있는 것은 저자가 삽입한 것이다.
3. 모든 인용문은 옮긴이가 번역했다.
4. 인명 및 고유명사 표기는 국립국어원의 외래어 표기법을 준용하되, 일부는 관용적 용례를 따랐다.
5. 단체명은 가능한 한 우리말로 옮겨 표기했다.
6. 단행본, 정기간행물 등은 겹화살괄호(《 》)를, 논문, 기사, 영화, 연극 등은 홑화살괄호(〈 〉)를 사용했다.

서문

전부 다 여자다.

최악의 책들은 모두 여자가 쓴다. 지난 3백 년, 모든 위대한 예술적 깡패 짓은 단독범이든 다른 여자들과 함께든 여자가 저질렀다. 좋은 여자 시인이란 없다. 좋은 시인 같은 건 없으니까. 비행기, 전화기, 천연두 백신, 잠수 이별, 테러리즘, 잉크, 질투, 럼주, 졸업 무도회, 스페인, 자동차, 신神, 커피, 언어, 스탠드업 코미디, 갖가지 매듭법, 이중 주차, 네일 아트, 그리스 문자의 타우T, 숫자 0, 수소폭탄, 페미니즘, 가부장제. 전부 여자가 발명했다. 여자끼리의 섹스가 다른 섹스보다 나을 것도 못할 것도 없다. 다른 섹스란 없으니까. 상어는 여자만 골라서 공격한다. 우주 비행사는 전부 여자였다. 달에는 여자만 가봤다는 뜻이다. 상위 1퍼센트는 100퍼센트 여자다. 대법관은 전부 여자다. 미국 상원의원은 전부 여자다. 대통령도, 말할 것도 없이, 여자다.

사육, 바느질, 조경, 투자은행, 장거리 운송, 현악기 제작, 자문, 인재 관리, 불법 행위법, 박제, 부동산 개발, 치아 교정, 교도소 행정, 마피아. 여자가 주름잡는 업종들이다. 모든 여자가 연쇄살인범은 아니지만 연쇄살인범은 전부 여자다. 시체성애자도 그렇고. 감옥에 갇힌 사람은 다 여자다. 강간 생존자는 전부 여자다. 모든 강간범은 여자다. 여자들이 대서양 노예무역을 지휘했다. 죽은 사람은 전부 여자다. 죽어가는 사람도 전부 다. 세상의 병원은 온통 병상에 누운 여자, 조심스레 걷는 여자, 끔찍이 아픈 여자, 회복하는 여자, 사라지는 여자로 가득하다. 세상의 총이란 총은 다 여자가 갖고 있다.

나는 여자다. 그리고 당신, 친애하는 독자여, 그대도 여자다. 당신이 여성이 아니라 해도, 아니라면 더더욱. 환영한다. 유감이다.

봉기.

나는 천생 여자라
전복적이야.[1]

BONGI.

I'm so female
I'm subversive.

발레리 솔라나스Valerie Solanas의 잊혀진 극본 〈니 똥구멍이다Up Your Ass〉*에 관한 글이 이 책의 출발점이 되었다. 솔라나스는 주로 두 가지 일로 기억된다. 하나는 1967년에 자비로 출판한 《SCUM 선언문SCUM Manifesto》**. 정부, 화폐제도, 모든 남성, 대부분의 여성을 향한 음침하게 웃긴 격문이다. 또 하나는 1968년 앤디 워홀Andy Warhol 저격. 당시 맨해튼의 유니언 스퀘어 웨스트 빌딩에 있었던 앤디의 스튜디오 팩토리에서 일어난 일이다. 일반적으로 아마도 이 극본이 저격의 동기가 되었을 것으로 여겨진다. 1965년에 대본을 보낸 발레리는

*
원어 Up Your Ass는 직역하면 "네 엉덩이 속에다"라는 뜻이지만 "니 똥구멍이다"와 마찬가지로 상대방의 말을 헛소리로 일축할 때 쓰는 비속어다. 뒤에서 언급되듯 솔라나스의 이 제목은 항문성교를 연상시키는 한편 '입으로 똥을 싸다', 혹은 '똥을 먹다' 등의 표현과도 이어진다.

**
《SCUM 선언문》 최초의 상업적 판본인 올림피아 출판사판(1968)에 따르면 "SCUM"은 "남성 절단을 위한 모임(Society for Cutting Up Men)"의 줄임말이다. 단, 이 표현은 솔라나스가 쓴 본문이 시작되기 전에 출판사에서 삽입한 페이지에 등장하는 것으로 솔라나스는 (필요에 따라 활용하기도 했지만) 이것이 자신의 의도가 아님을 밝힌 바 있다. 이와 함께 안드레아 롱 추는 저 정의를 인용하지 않는 점과 scum이 쓰레기 같은 인간을 뜻하는 단어인 점을 고려해 여기에서는 "SCUM 선언문"으로 옮겼다. 국역본은 〈남성거세결사단 선언문〉(한우리 기획·번역, 《페미니즘 선언》, 현실문화, 2016)과 〈SCUM〉(브리앤 파스 편, 양효실 외 역, 《우리는 다 태워버릴 것이다》, 바다출판사, 2021)이 나와 있다.

줄곧 앤디에게 〈니 똥구멍이다〉를 제작하라고 들볶았고, 앤디가 관심을 보이지 않자 그가 자신을 갖고 논다는 망상이 심해졌다. 브리앤 파스Breanne Fahs가 쓴 솔라나스 전기에 따르면 발레리의 불안은 "사실에 기반한 것이자 다소 기이한 것이었다. (중략) 앤디가 대본을 잃어**버렸던 것이** 한편으로는 정말로 흥미롭지 않아서, 또 한편으로는 칠칠치 못해서, 그리고 또 그가 대체로 제 주위의 열정 있는 이들을 무시해서였다는."[2]

〈니 똥구멍이다, 혹은 요람에서 보트까지, 혹은 거대한 엉망, 혹은 슬라임에서 위로Up Your Ass, or, From the Cradle to the Boat, or, The Big Suck, or, Up from the Slime〉는 이상하고 매력적인 이야기다. 미출간 원고를 읽어보면 학부생이 쓴 굉장히 재밌는 단막극 같다. 조악하고, 선정적이고, 더없이 나르시시스즘적이며 너무도 노골적으로 부적절해서 그 정서를 해석하는 건 불가능한 듯한 기분이 든다. 발레리는 첫 장에 이렇게 쓴다. "이 이야기를 나에게ME 헌정한다. 나는 쉼 없이 내게 힘을 주고 나를 이끌었으며, 나의 지칠 줄 모르는 의리와 헌신, 신뢰가 아니었다면 이 극본은 쓰지 못했을 것이다." 이어서 "교정·교열, 편집자 논평, 유익한 조언, 비평, 제안, 정교한 타자술을 제공한 나 자신Myself"과 "남성과 결혼한 여성을 비롯해 여러 타락에 관한 독립적인 연구를 제공한 나I"에게 감사를 전한다.[3] 말도 안 되게 진지하고 진지하게 말도 안 되는, 그야말로 발레리의 걸작이다. 이래서 내가 그녀를 사랑하는 것이기도 하다.

〈니 똥구멍이다〉의 악당 주인공 봉기 페레스Bongi Perez는 테니스화에 "정신 사나운 체크무늬 외투"[4] 차림을 한 신랄하고 말발 좋은 비렁뱅이로, 작품 내내 여자애들을 희롱하고 성매매를 하고 남성male sex이 파괴되고 있다며 툴툴거린다. 사실 남성혐오자이자 재수 없는 우월주의자인 봉기는 분명 발레리의 대역이다. 그녀가 〈니 똥구멍이다〉를 쓴 것은 1960년대 초, 가난하게, 종종 노숙을 하며, 성노동을 하며, 거리의 동성애자들street queens과 어울리며, 싸구려 자판기 식당에서 소일하며—그녀의 말을 빌리자면 "입으로 똥을 싸며"[5]—그리니치 빌리지 근처를 떠돌던 시기다. 〈니 똥구멍이다〉에는 이런 생활이 반영되어 있다. 분노에 차, 너저분하게, 제맛에 산다. 플롯이라고는 없다시피 하며, 온갖 성적, 인종적 고정관념(똥을 씹어 잡숫는 비서, 젠체하는 남성 지식인, 백흑白黑 한 쌍의 픽업 아티스트)으로 가득해 종종 포르노적으로

익살맞다burlesque. 읽기에는 매력적이지만 관객의 화를 돋우지 않고 공연하는 걸 상상하긴 어렵다. 〈니 똥구멍이다〉는 실험극 연출가 조지 코츠George Coats의 개작으로 2000년에 처음 온전히 무대에 올려졌다. 여기서는 대화의 대부분을 1960년대 팝송으로 돌려 대본의 결점을 때운다. 전원을 여성 배우로 채운 공연이기도 하다.

〈니 똥구멍이다〉는 《SCUM 선언문》의 전조前兆로 볼 때 가장 흥미로울 것이다. 발레리는 1967년에 그리니치 빌리지 부근에서 선언문을 배포하기 시작했다. 극 중에서 봉기는 남성의 종말을 몇 번이고 소리 높여 간구한다. 한 장면에서는 기술에 힘입은 태아 성 선별 무혈 학살로 남자들을 제거해야 한다고 말하기도 한다. 스스로를 교양 있다고 여기는 화이트칼라 노동자 러셀에게는 끔찍한 생각이다. "양성 체제two-sex system는 **틀림없이** 옳아. 수백 수천 년 동안 이어져왔잖아." 그의 항변에 봉기는 "질병도 그렇지"[6] 하고 쏘아붙인다. 이런 응수는 《SCUM 선언문》에도 거의 그대로 이어진다. 발레리는 "남자가, 질병과 마찬가지로, 언제나 있었다고 해서 앞으로도 계속 있어야 하는 것은 아니다"라고 쓴다. "유전자 통제가 가능하다면—곧 그렇게 될 것이다—

우리가 신체적 결함이 없는 오직 온전하고 완전한 존재만을 생산해야 하리라는 점을 두말할 필요도 없다"는 것이다.[7]

하지만 발레리는 여기서 그치지 않는다. 〈니 똥구멍이다〉는 도래할 남성 멸종을 그저 암시하는 정도지만 《SCUM 선언문》은 이 논지를 밀고 나가 남성은 **이미** 여자라는 데서 시작한다. 솔라나스는 "남자는 생물학적 사고事故"라는 선언으로 포문을 연다.[8] "Y(남성) 유전자는 불완전한 X(여성) 유전자다. (중략) 달리 말하자면 남성은 불완전한 여성, 걸어 다니는 낙태, 유전자 수준에서 벌어진 낙태다." 사실 그녀는 인간 문명의 역사는 "스스로를 완전케 하고자 하는, 여자가 되고자 하는" 억압된 욕망을 충족하려는 남성의 시도가 승화된 것이라고 말한다.[9] 이것만으로도 가공할 젠더 이론의 토대가 될 만한데 발레리는 또 하나의 주름을 더한다. 전통적인 남녀 특성 구분—용감하고 공격적인 남성과 유약하고 의존적인 여성이라는—은 남성의 거대한 사기극이라는 것이다. 실은 그 반대다. 여성은 냉철하고 단호하고 역동적이고 화끈하다. 남성이야말로 허영되고 경박하고 얄팍하고 유약하다. 발레리는 남자들이 "훌륭히 해냈다"고

인정한다. "수백만 여성들이 남성이 여성이고 여성이 남성이라고 믿게 만드는" 일을.[10]

아이러니하게도 솔라나스는 역사적으로 남성이 여성을 비난한 구실을 그대로 가져다 남성의 절멸을 제안하는 근거로 든다. 허영, 굴종, 자기애적 불안, 그리고 무엇보다도 성적 수동성. (이러나저러나 "니 똥구멍이다"라는 제목은 기본적으로 남색sodomy에 대한 농담이다. 극 중에서 가정 과목 교사는 주부는 젖병 닦는 솔을 남편의 항문에 "쑥right up" 집어넣어 가사의 의무에 성생활을 포함시켜야 한다고 말한다.[11]) 바꾸어 말하자면, 《SCUM 선언문》은 성별 간의 젠더반전gender-swapping을 통해 결국은 **남성에 대한 여성혐오**misogyny를 제안한다. 남성혐오man-hating로 유명한 발레리는 실은 대부분의 여성을 훨씬 더 혐오하는 것이다. 이 선언문의 진짜 적은 솔라나스가 아빠의 딸Daddy's Girl이라 부르는 존재, 속아 넘어가서는 남자의—즉, 전통적으로는 여성적인—특성을 제 것으로 삼은, 상냥함과 자아도취와 불안감에 빠져든 여자다. 진정한 정치적 갈등은 남자와 여자 사이가 아니라 "자신감 없고 인정을 원하며 뚜쟁이 짓이나 하는 남자-여자"와 자신처럼 "당당하고 활기차며 스릴을 좇는 여자-여자" 사이의 갈등이라는 것이 솔라나스의 결론이다.[12] 사실, SCUM—"선택된 우월하고 확고하고 당당하고 험악하고 폭력적이고 이기적이고 독립적이고 자랑스럽고 스릴을 좇고 제멋대로고 거만한 여자들의 집단"[13]—의 사명은 그저 남성을 죽이고 정부를 박살내는 것이 아니라 궁극적으로는 전 인류를 **탈여성화**defeminize하는 것이다. 아빠의 딸이 "그의 남자스러움maleness, 즉 그의 수동성과 총체적 섹슈얼리티, 그의 여성성femininity"에서 해방될 길은 남성 학살뿐이다.[14]

혼란스러운가. 괜찮다. 발레리도 그랬다, 고 생각한다. 자신이 무슨 말을 하는지 몰라서가 아니라 스스로의 양가성에 너무도 매달렸기 때문이다. 그녀는 무성적임을 주장하는 성노동자, 남성과 자는 레즈비언, 유머 감각 없는 풍자 작가, 수시로 자신이 혐오하는 남자처럼 행동하는 남성혐오자였다. 동시대를 살았던 래디컬 페미니스트 티-그레이스 앳킨슨Ti-Grace Atkinson은 솔라나스가 "노출벽이 있었다"며 1967년에 첼시 호텔에서 연 SCUM "신병모집recruitment" 면접에서 바지 지퍼를 내리고 클리토리스를 만졌다고 전한다.[15] 그러나 《SCUM 선언문》이 강간범, 경찰, 지주와 같은 목록에 넣은

"모르는 아무 여자에게나 주제넘게 들이대는 남자"[16]를 발레리의 또 다른 자아, 부끄러운 줄 모르고 길을 가는 여성들에게 불쾌한 수작을 걸며 〈니 똥구멍이다〉의 시작과 끝을 장식하는 여성혐오자 봉기 페레스(봉기는 길을 가던 한 여자를 가로막고 "키스 해주면 보내주지" 하고 말한다)와 동치할 수는 없다. 솔라나스가 경멸한 (그리고 가끔 총으로 쏘기도 한) 위대한 남자 작가들의 작품과 다를 바 없이 그녀의 작품도 그녀가 생물학 무기처럼 온 세상에 살포하고자 했던 바로 그 여자다움femaleness을 억압하려는 나름의 시도였던 건 아닌가 하는 생각이 든대도 이상할 것 없다.

대학 강의에서는 《SCUM 선언문》을 종종 페미니즘 문헌으로 가르치지만, 사실 이런 이름표가 적절한지는 전혀 분명치 않다. 발레리는 때로는 페미니스트들과, 때로는 시내 예술쟁이들과, 성노동자들과, 드랙퀸들과 어울렸다—하지만 그녀는 그 어디에도 의탁하지 않았다. 《SCUM 선언문》에는 구체적으로 짚을 만한 정치적 강령의 재료들(남성 파괴, 화폐제도의 종말, 완전한 자동화)이 있지만 솔라나스가 이런 강령이나 자신을 페미니즘으로 설명한 적은 없다. 수년 후, 발레리는 누군가가 그녀를 "SCUM이라는 집단의 창립자"로 칭하자 깊은 모욕감을 느낀다. 노한 그녀는 어느 편지에 "이건 나를 레드스타킹스Redstockings*, 래디컬 페미니즘, 다른 수천 가지 전혀 쓸모없는, 무의미한, 처량한 군소 '페미니스트' 집단의 멤버 수준으로 깎아내리는 일"이라고 썼다.[18] 앞선 10년의 페미니즘 운동을 비겟덩어리 주정뱅이 버러지마냥 무시하면서. 발레리는 더없이 개인적인—《SCUM 선언문》의 표현으로는 "언제나 이기적이고, 언제나 냉철한"— 인물이었다. 항의, 타격[파업]strikes, 시위 같은 의미에서의 정치는 그녀에겐 그다지 의미가 없었다. 행동the Act이 절대적이었다. 발레리가 단언하기로, "SCUM이 타격에 나선다면 그건 어둠 속에서 단도短刀를 들고서일 것이다."[19]

혹시나 해 말해두지만 지금 당신이 읽고 있는 것도 페미니즘 문헌인지 어떤지 나는 잘 모르겠다. 그렇기를 바라는지도, 잘 모르겠다.

*
미국 급진 페미니즘을 대표하는 단체 중 하나로, 1969년에 설립되었다. 이름은 여성 지식인을 가리키는 멸칭인 파란 스타킹(blue stockings)에 좌파를 뜻하는 적색을 붙여 지은 것이다. 참고로 솔라나스가 이 편지를 쓴 것은 1977년이다.

봉기.

"그 종의 여자"라는
표현은 결국 쓸데없는 말.[20]

BONGI.

Eventually the expression
"female of the species"
'll be a redundancy.

여자임femaleness은 모든 정치와, 심지어는 페미니즘 정치, 반란과도 대립하는 자기부정으로써 정의되는 보편적인 성별이라는 것이 이 짧은 책의 요지다. 보다 간단히 말하자면, 모든 사람은 여자female고 모든 사람이 이를 싫어한다는 것.

몇 가지 설명이 필요하겠다. 우리의 목적에 맞게 나는 여기서 **여자**를 타인의 욕망에 자리를 내어주기 위해 자아가 희생되는 모든 심리적 작용으로 정의할 것이다. 그 욕망이란 실재할 수도 상상된 것일 수도, 강렬하게 응축되어 있을 수도 엷게 퍼져 있을 수도 있지만—남자친구의 성적 욕구, 일련의 문화적 기대, 문자 그대로의 임신—어떤 경우든 자아는 비워져 외력外力을 위한 인큐베이터가 된다. 여자임은 당신을 희생시켜 다른 누군가가 당신 대신 욕망하게 하는 것이다. 여자라는 것은 가끔만 아프지만 늘 자신에게 해롭다는 뜻이다. 그 궁극적인 대가는, 적어도 지금까지 기록된 바로는, 죽음이다.

분명 너무 과격한 정의기는 하다. 나처럼 이를 모두에게—말 그대로 모두, 지구 역사상의 모든 사람 하나하나에게—적용하려 한다면 더더욱 무리수다. 그러니 실은 내가 말하는 여자란 생물학적 성별은 아니다. 그렇다고 젠더도 아니지만. 반동분자들이 설명하는 방식(영구적인, 변치 않는 등등)으로는 섹스일 수도 있지만 생물학적인 것이 아니라 존재론적인 성격을 갖는 무언가다. 여자임은 인간의 해부학적 혹은 유전자적 특성이 아니라 보편적인 실존 조건, 인간 의식의 유일한 구조다. 존재한다는 것은 여자라는 것이다. 둘은 같다.

그렇다고 하면, 여성woman은 다 여자female지만 여자가 다 여성인 것은 아니다.* 사실 경험적으로 고금을 막론하고 남성이나 여성이 아닌 젠더가 존재한다는 것은 여자의 **대다수**가 여성이 아님을 뜻한다. 아이러니한 말이지만 모순은 아니다. 모든 사람은 다 여자다. 하지만 여자라는 것에 어떻게 **대처**하는지—역사적, 사회문화적으로 가능한 한에서 자신의 여자스러움에 **맞선** 반동 형성으로서 의식적, 무의식적으로 만들어지는 특정한 방어기제들—에 따라 우리가 보통 **젠더**라 칭하는 것이 달라진다.

*
저자는 여기서 설명하는 대로 female과 woman을 구분해 사용하며, 이에 따라 둘을 각각 여자와 여성으로 번역하였다. 다만 둘을 비교하는 대목이 아닌 경우에까지 그대로 이 구분을 지키면 읽기 어색해지기에 일반적인 맥락에서는 둘을 혼용하고 필요에 따라 원어를 병기했다. 한편 본문에는 한국어에서는 맥락에 따라 년, 깔치 등 완연한 비속어로 옮길 수도 있을 만한 다양한 영어 어휘(broad, chick, girl 등)가 등장하는데 이 역시 원어에 각각의 역어를 대응시키기보다는 말의 세기를 고려해 대개 여자, 여자애 등으로 옮겼다.

그러므로 남성과 여성은 양립불가능한 반대항은 물론 스펙트럼의 양 끝도 아닌, 여자계界에서 가장 흔한 두 문門으로 이해해야 한다. 질문이 나올 만하다. 남성, 여성, 다른 모두가 같은 조건을 공유한다면, 굳이 왜 그것을 **여자** 같은 명백히 젠더화된 용어로 지칭하는가? 답은 이렇다. 다들 이미 그러니까. 여성은 다른 누구 못지않게 여자이기를 싫어한다. 하지만 다른 모두와 달리 우리는 우리가 그 대표로 뽑혔음을 안다.

내 논지의 후반부가 여기서 나온다. 모든 사람은 여자다—**그리고 모든 사람은 이를 싫어한다.** 이 두 번째 주장은 발레리가 말한 것과 비슷하다. 인간 문명은 여자스러움femaleness을 억누르거나 완화하려는 시도들의 갖가지 배열을 나타낸다는, 실은 이것이 모든 인간 활동과 특히 우리가 정치라 부르는 활동의 숨은 목적이라는 말이다. 정치적인 것the political은 여자의 철천지원수다. 세상 모든 정치는 **다른 성별이 가능**하리라는 낙천적 믿음에서 출발한다. 모든 정치적 의식의 뿌리는 자신의 욕망이 자신의 것이 아니라는, 자신이 다른 누군가의 에고의 수단이 되어버렸다는, 요컨대 자신이 여자라는, 하지만 그렇지 않기를 소망한다는 어렴풋한

깨달음이다. 정치란 본질적으로 반反여자적이다.

이 주장은 페미니스트 정치라는 이름으로 묶을 수 있을 20세기, 21세기 다양한 여성 운동에까지 적용된다. 사실, 여자라는 것이 당신에게 해롭다는 의식적인 발견은 본질적으로 페미니즘적이라고 할 수 있다. 시민적 평등을 요구한 이들이건 반反남성 혁명을 요구한 이들이건 페미니스트에게 남성이나 다른 여성들이 가한 우파적 비난 중 가장 유서 깊은 것은, 아마도 페미니스트는 실은 그저 더는 여성이 아니기를 요구한다는 비난이다. 여기에 진실의 핵이 있다. 페미니스트들은 더는 여성이기를 원치 않았다, 적어도 기존 사회에서 그 말이 뜻하는 바대로는. 보다 정확히 말하자면, 젠더의 전적인 철폐를 주창하든 여자임에 얽매이지 않는 새로운 여성womanhood 범주를 제안하든 페미니스트들은 더는 **여자**이기를 원치 않았다. 온전한 인간 존재로 상상되는 여성을 지지한다는 것은 언제나 여자에 반대한다는 것이다. 이런 의미에서 페미니즘은 여성혐오에 반대하는 바로 그만큼 여성혐오를 표출한다.

아니면 그냥 내가 내 감정을 투사하는 거거나.

러셀.
더 재밌는 건, 내가 아주 괴롭단 거야.[21]

RUSSELL.
One of my more interesting points is I'm very bitter.

《SCUM 선언문》을 처음 읽은 건 대학에 다니던 때였다. 그 시절엔 남자애였다. 가을이었고, 브루클린에서 지냈다. 학자금 대출을 낀 남부 어느 대학 연극 전공생이었던 나는 힘닿는 대로 공연을 보고 첼시에서 연기 수업을 들었다. 당시 몇 달 동안은 학부 2학년들이 흔히 그러듯 (나는 3학년이었지만) 젠체하며 뉴욕파—1950, 1960년대에 맨해튼에서 활동한 느슨한 아방가르드 시인, 무용가, 화가 일군을 가리켜 이따금 쓰이는 이름이다—에 심취했다. 〈레드Red〉에서 따온 독백을 연습하던 기억이 난다. 〈레드〉는 애수 어린 색면추상으로 유명한 화가 마크 로스코Mark Rothko가 조수 켄Ken과 예술 이론을 두고 논쟁을 벌이는 짧고 이지적인 연극이다. (2009년 초연에서는 알프레드 몰리나Alfred Molina와 에디 레드메인Eddie Redmayne이 연기했다.) 나는 켄이 결국 폭발하고 마는 대목을 골랐다. 그가 제 고용주에게 "제발 먹고살 궁리도 좀 하세요!" 하고 외치는 장면이다.[22] "지금껏 미술사에서 의미 있기 위해 그렇게나 애쓴 화가가 또 있기나 해요? 만사가 다 그렇게 항상 중요할 필요는 없잖아요! 그림 하나하나에 다 그렇게 애간장을 쏟아붓고 영혼을 드러내야 하는 건 아니라고요! 누구나 다 그렇게 아픈 예술을 하고 싶어하진 않아요! 망할 정물화든 풍경화든 수프 통조림이든 만화책이든 그리기도 하는 거라고요!"

분노가 끓었다. 시뻘건, 남자의, 지독하리만치 지적인 분노. 그 학기 기말 과제로 피아노를 구해다 예술을 하기로 맘먹었다. 크레이그리스트Craigslist에 공짜로 올라온, 낡았지만 멀쩡히 작동하는 88건반 소형 피아노를 찾았다. 퀸스 자메이카 지역의 어느 복지관에서 내놓은 것이었다. 두 룸메이트를 어찌어찌 설득해 좁은 기숙사 방 한가운데에 피아노를 두어도 좋다는 허락을 받았다. 몇 주에 걸쳐 피아노를 괴롭혔다. 해머를 덮은 나무판을 뜯어내고 현을 엉망으로 개조해 특정 건반을 누르면 딱딱 부딪히거나 새된 쇳소리가 나게 했다. 심리학 대중서의 고전 《화성에서 온 남자, 금성에서 온 여자》를 비롯한 헌책의 낱장을 찢어 만든 종이 죽을 피아노의 낡은 옆면에 발랐다. **페미니즘**, 이라고 생각했다. 그러는 내내 손이며 옷이며 할 것 없이 공예용 풀 범벅이 되어 자위 강박이라도 있는 듯한 꼴로 다녔다. 실제로 그렇기도 했다. 하지만 이건 예술이었고 나는 그만둘 생각이 없었다. 여자친구를 두고 바람을 피운 참이었고 슬픔에 차 있었다.

피아노 건반은 사람의 이처럼 잇몸에 박혀 있다. 잡아 뜯으면 뿌리가 나온다. 부드럽고 색이 엷은 가느다란 나무 막대로, 대개 살짝 비스듬하게 생겼다. 건반의 속살은 무르고 잉크를 잘 먹는다는 걸 금세 알게 됐다. 문득 건반 하나를 들어 인용문을 써넣었다. 이빨 쪽에는 드라이버로 저자의 이름도 새겼다. 건반 하나하나에 다 하기로 했다. 형식상의 규칙을 몇 가지 정했다. 검은색 잉크로 쓴다. 학식의 증표로 여겨 어릴 적부터 고수해온 대로 아주 작은 글씨로 쓴다. 건반 하나하나에 예술의 정치에 관한 저마다 다른 글을 담는다. 글의 대부분은 20세기 후반부에 나온 선언문이나 아방가르드 문헌으로 한다. 그중 하나가 《SCUM 선언문》이었다.
나도me too, 하고 생각했다.

봉기.
틀렸어, 난 구경꾼이 아니야.
행동하는 여성이지.[23]

BONGI.
You're wrong—
I'm not a watcher;
I'm a woman of action.

그녀가 앤디 워홀에게 총을 쏘았다는 소식에 발레리의 출판을 맡은 모리스 지로디아스Maurice Girodias는 《SCUM 선언문》을 공들인 농담이라 여긴 것이 잘못이었던가 생각했다. "하지만 그것은 농담이 **맞았다**. 그럴 수밖에!"라며 그는 "그녀는 자신이 정말로 혈혈단신으로 인류 역사 최대의 학살을 수행할 거라 확신하지는 않았을 것"이라고 썼다.[24] 모두가 발레리에 관해 늘 궁금해하는 게 바로 이것이다. 어떻게 진지할 수 있었을까?

쉽사리, 그랬다고 생각한다. 농담은 늘 진지한 법이다. 어느 학술 행사에서 내가 한 출판물에 쓴 **윤리**ethics라는 말이 무슨 뜻이냐는 질문을 받은 적이 있다. 잠시 망설이다 이렇게 대답했다. "우스갯소리에 진심commitment to a bit이라는 뜻으로 쓴 것 같아요." 청중은 웃었지만, 나는 정말로 그 뜻으로 쓴 것이었다. 그들은 내가 그 뜻으로 썼기 **때문에** 웃은 것이다. [원래는 토막을 뜻하는 말인] 비트bit란 스탠드업 코미디에서 희극적인 장면이나 장치를 뜻하는데, 대개 여기서는 잠깐 동안 현실이 유예된다. 비트에 진심이라는 건 곧이곧대로 말하는 것, 즉 진지하게 받아들이는 것이다. 비트가 터무니없을 수는 있지만, 이를 진심으로 대하는 데 필요한 진지함은 언제나 실제적이다. 이건 모든 유머의 중심에 도사리고 있는 엄중함humorlessness이다. 바로 이것이 비트를 웃기게 만든다. 희극적인 세계에서는 그게 웃긴 게 아니라는 사실이 말이다.

솔라나스 전기에 따르면 그녀는 늘 "말도 안 되게 재밌는"[25] 사람으로 알려져 있었다. 메릴랜드 대학 칼리지파크 캠퍼스 재학 시절에 발레리가 직접 학내 신문에 유머의 쓰임새에 관한 논평을 하기도 했다고 한다. 그녀는 이렇게 썼다. "유머는 논박하거나 증명할 수 있는 논리적 진술이 아니라 허튼소리의 감각에 호소하는 특질이다. 또한 유머는, 정말로 좋은 유머라면, 그저 '대대적인massive 교육'에 쓰러지지 않는다."[26] 아니면, 심기가 상한 독자가 편집부에 보낸 편지에 쓴 대로 "솔라나스 양이 그로써 무언가를 혹은 누군가를 찌를 수 있도록 하기 위해 논점을 그렇게 잡은 듯 보일 것이다".[27] 이것이 《SCUM 선언문》의 첫 번째 원칙이 된다. 발레리는 정확한 혹은 그럴 법한 것이 아니라 그저 **원하는** 것을 말한다. 독자가 맞닥뜨리는 것은 진실이 아니라 욕망, 옷깃 사이로 비치는 문신처럼 텍스트에서 새어 나오는 욕망이다. 모든 이념의 기저에는 육신flesh이 있음을 상기하게 되는 것이다.

발레리는 그래서 자신을 표현할 양식으로 선언문을 택한다. 선언문에는 역설—나는 발레리가 이를 알았다고 확신한다—이 있다. 행동에의 호소란 그저 호소일 뿐이라는 사실이다. 행동이 아니라 호소, 물이 넘치듯 텍스트의 입술을 넘어 흐르는 욕망. 진지하게 받아들이기엔 너무 진지하다. 선언문은 실패한 예술가, 혁명가는 못 되는 이의 도피처인 경우가 많다—성공적인 예술가는 예술에 대해 말하는 게 아니라 예술을 하는 법이니까. 평론가 비비언 고닉Vivian Gornick은 1970년판 선언문 해제에 "《SCUM 선언문》은 구제할 도리 없이 갈 데까지 간 패배자의 작품이며 그렇기에 선지적先知的"이라고 썼다.[28] 불능이란 언제나 거창하며 거창한 건 언제나 불능이다. 발레리는 정치적 공상뿐 아니라 개인사도 그랬다. 그녀는 출판사가 자신을 이용해 먹는다고 믿었고 앤디 워홀 저격은 이에 얽힌 극심한 피해망상의 화룡점정이었다. 경찰에 자수한 후 그녀는 기자들에게 자신이 작가라고 밝혔다. 후일, 그녀의 자매 주디스Judith는 "발레리에겐 모든 것이 자신의 이론이었다"고 썼다. "폭력은 그냥 어쩌다 일어난 일일 뿐이었다."[29]

발레리는 오래전에 이미 그 욕망으로 나를

사로잡았다. 요즘 그녀는 줄담배를 피워대는 초자아마냥 내 머릿속에 살고 있다. 거들먹거리고 요구가 많고 비위를 맞춰줄 도리가 없지만, 그녀 스스로는 늘 재미를 보고 있다. 처음에는 이 책을 발레리를 따라 선언문의—짧고 날카롭고 알 듯 말 듯하고 선을 넘는—문체로 쓸까 생각했다. 우리에겐 공통점이 있는 듯하다. 옹호하기 어려운 주장을, 양가감정을 끝까지 쫓아가보기를, 말해야 할 때 소리 지르고 소리 질러야 할 때 웃기를 좋아한다는 점. 하지만 발레리에게 간섭하기는 싫다. 그 누구에게라도 무엇을 해야 할지를 말하고 싶지는 않다. 누가 내게 **말해주면** 좋겠다. 《SCUM 선언문》의 발레리가 여왕dominatrix 같아 보이는 건 우연이 아니다.

이 책을 마무리하던 차에 한 친구는 내게 여교사가 《SCUM 선언문》을 인용해 여학생 둘을 레즈비언으로 만들어 유혹하는 포르노 영화가 있다고 경고했다. 그럴 법하다. 따져볼 것도 없다. 발레리가 내게 그랬다.

진저.
그녀는 음경 선망이 있어,
정신분석가를 만나봐야 해.[30]

GINGER.
She has penis envy.
She should see an
analyst.

모든 사람이 여자라는 말은 정신분석학적으로는 논쟁할 게 없는 말—즉, 거세는 **양쪽에 다** 일어난다는—을 새삼 반복하는 것일 뿐이다. 프로이트Freud는 여성은 물론 남성에게도 보편적인 거세 공포는 부분적으로, 불완전하게만 해소된다고 보았다. 문자 그대로의 음경이 있는지 없는지는, 거세 불안에 있어 부차적인 것일 뿐이라는 사실이 드러난다. 중요한 건 음경의 이념이다. 프로이트가 보기에 이러한 현상은 많은 경우, 경험적으로, 아동의 성 이론으로 거슬러 올라갈 수 있다. 그는《성욕에 관한 세 편의 에세이Three Essays on the Theory of Sexuality》 1920년판의 각주에서 "여성에게도 거세 콤플렉스가 있다고 말할 수 있다"고 분명히 밝힌다. "남아와 여아 모두 남성만이 아니라 여성에게도 원래 음경이 있었지만 거세로 인해 이를 잃은 것이라는 이론을 세운다"는 것이다.[31]

이후 몇 년에 걸쳐 프로이트는 거세 콤플렉스를 성차sexual difference 이론의 초석으로 삼는다. 처음에는 두 성별 모두 남근기를 즐긴다. 감사하게도 서로에 대해서는 알지 못한 채 남자아이는 음경으로, 여자아이는 클리토리스로. 사실, 따지고 보면 성별은 하나뿐이다. 바로 남자. 프로이트가 여성성에 관한

1932년 강의안에 쓰기로, "우리는 이제 작은 소녀가 작은 남성이라는 걸 인정해야 한다."[32] 하지만 거세 콤플렉스가 나타나면서 성별은 분화되기 시작한다. 누이의 성기를 본 어린 소년은 아버지가 어떤 성적인 죄악을 이유로든 (가장 큰 것은 어머니에 대한 오이디푸스적 욕망이다) 자신의 소중한 부위를 앗아갈 것임을 처음에는 부정하다 마지못해 받아들이며 이윽고 그 불안에 휩싸이게 된다. 반대로 어린 소녀는 음경을 발견하고는 비슷한 부정의 시기를 지나 깊은 선망의 경험으로 이끌린다. 이 선망은 음경의 결여를 체념해 받아들여도 오래도록 무의식 속에 남는다. 정상적인 경우 음경 선망은 어린 소녀가 어머니를 향한 원초적 욕망을 뒤집어 아버지에게, 다음으로는 남편에게로 돌리게 한다. 자신에게는 없는 음경을 대신 갖고 있는 사람, 음경의 대체물로서의 아기를 안겨줄 사람들이다. 음경 선망을 억제하지 않고 내버려두면 신경증, 불감증, 극단적인 경우에는 레즈비어니즘으로 이어진다.

음경 선망 개념은 도입 초기부터 여성혐오적인 개념으로 지목되어 비난을 받아왔다. 프로이트조차도 이를 알았던 듯하다. (그는 "선망과 시기猜忌가 남성보다는 여성의 정신적 삶에서 훨씬 더 큰 역할을 한다는 내 주장을 남자 편의 부정의로 받아들일 수도 있겠다"고 썼다.[33]) 프로이트를 가부장적인 돌팔이로 치부하고 넘어가는 결로는 만족하지 못한 일부 1960, 1970년대 페미니스트들은 그를 자신도 모르게 남성 권력male power을 이론화한 사람으로 읽자고 제안하기도 했다. 슐라미스 파이어스톤Shulamith Firestone은 1970년에 낸 《성의 변증법The Dialectic of Sex》에서 음경 선망을 젠더 위계에 대한 어린 소녀의 초기적 의식의 "은유"로 읽는 편이 현명하리라고 썼다. "여자아이는 남자 형제와 똑같은 일을 해도 그의 행동은 승인되고 자신의 행동은 그렇지 않은 이유를 제대로 이해하지 못"하기 때문이다.[34]

1922년에 쓴 짧은 글에서 프로이트는 메두사의 머리에 대한 유명한 해석을 내어놓았다. 메두사는 머리카락이 뱀으로 되어 있는 그리스 신화의 고르곤으로, 그 무서운 얼굴을 본 남자들은 돌이 되어버린다. 프로이트에게 이 신화는 거세 불안을 간명히 표현한 것으로, 크게 벌린 메두사의 입은 질구膣口를 가리킨다. 이어서 프로이트는 메두사의 시선이 상대를 돌로 만드는 것은 소년의 발기를 상징하며 그가 "여전히 음경을 소유하고 있음"을 여실히 상기시키는 것이라 읽는다.[35]

물론 훨씬 확실한 해석도 있다. 여성 성기의 심연을 들여다봄으로써 자신의 음경이 사라질지도 모른다는 고민을 하게 된 어린 소년이 남몰래 흥분을 느낀다는 해석이다. 발레리는 《SCUM 선언문》에서 "여성은 (중략) 음경 선망이 없다"고 일갈한다. "남성에게 보지 선망pussy envy이 있다"고.[36] 보통 그렇듯 그녀는 옳다. 실제로, 거세 콤플렉스는 거세당할 것이라는 두려움으로 흔히 오해되지만, 사실은 거세당하고 나면 **그것을 좋아할** 것이라는 두려움이다. 따라서 보지 선망은 음경 선망과 상호 배타적인 반대항이 아니라 반동 형성으로서 음경 선망이 발생하는 토대가 되는 보편적 욕망이다—다들 최선을 다해 권력을 원한다, 맘속으로는 전혀 원하지 않기 때문에.

봉기.

안농, 매력덩어리.[37]

BONGI.

Hell'o, Gorgeous.

〈니 똥구멍이다〉는 캣콜링catcall으로 시작된다. "안농, 예쁜이", 봉기는 거리에서 어느 여자를 향해 휘파람을 불며 추근댄다. 안 먹혀들자 사나워진다. "뻔대기는, 이 쌍년이"라며 으르렁댄다. 여기서 풍자로 가볍게 위장한 발레리 자신의 여성혐오를 엿듣기는 어렵지 않다. 봉기는 길을 가는 다른 여자에게도 달라붙어 보지만 역시나 무시당한다. 그녀의 분노가 한층 뚜렷해진다. "젠장, 나도 엉덩이는 안 꿀리는데"라며 그녀는 "니 짬지는 디올Dior이라도 되냐?" 하고 쏘아붙인다.[38] 평범한 나르시시즘 비난에서 유명 브랜드 질을 들먹이는 데로 넘어가는 이 비약은 강렬하다. 사실, 이미 프로이트는 흔치는 않지만 허영vanity이 음경 선망의 효과 중 하나라고 주장한 바 있다. 1932년에 그는 여성은 "자신의 근원적인 성적 열등성에 대한 뒤늦은 보상으로 장신구에 보다 높은 가치를 둔다"고 썼다.[39] 여기서 그가 설명하는 것은 결국 자기혐오self-loathing에 뿌리를 둔 나르시시즘의 독특한 구조다. 여자는 자신을 혐오하기 때문에 자신을 사랑한다. 여자가—어쩌면 남자친구나 남편을 위해, 어쩌면 거리의 낯선 이들을 위해—자신을 아름답게 치장하는 것은 자존감의 발로가 아니다. 스스로를 비우고 저들의 욕망을 제 것으로 떠맡았기 때문이다. 이를 타인을 위한 나르시시즘이라 부를 수 있을 것이다. 허영은 다른 누군가의 나르시시즘이 표출된 것이다.

호르몬대체요법을 받기 시작하고 몇 달 후, 지하철에서 유방확대술 광고를 보았다. 당시엔 가슴만 크면 더 바랄 게 없다는 심정이었다. 내 가슴은 없는 거나 마찬가지였고, 나는 점착식 실리콘 패드로 이를 숨겼다. 접착제 때문에 심한 발진이 생겼다. 지직거리는 낡은 텔레비전 잡음마냥 통증이 매일같이 가슴팍 위에서 춤을 췄다. 지하철 광고에는 수술 비용(3,000달러)과 함께 다른 서비스들도 적혀 있었다. "지방흡입, 뱃살 제거, 브라질리언 힙업 등 보디라인 성형 일체." 뉴욕 지하철에 그런 광고야 흔하지만 이날 본 건 훼손돼 있었다. 어떤 진취적인 활동가들이 정치 구호 스티커 두 장을 붙여놓았던 것이다. 첫 번째 스티커에는 "이것은 여성에 대한 모독이다"라고 적혀 있었다. 두 번째 것은 "당신의 몸을 사랑하세요" 하고 말했다.

〈이것이 전부다: 지지 고저스This Is Everything: Gigi Gorgeous〉라는 다큐멘터리 광고가 보이기 시작한 것도 그즈음이었다. 풀장에 둥둥 뜬 채 기다란 금발을 수면 아래에 후광처럼 드리운 어느 아름다운 여성이 등장하는 광고였다. 영화를 보고 그것이 인터넷 유명인 지지 고저스라는 것을 알게 되었다. 지지는 유튜브에—이 사이트의 초창기였던—2008년부터 화장법 영상과 브이로그를 올리기 시작했고 오래 지나지 않아 광고성 리뷰와 미용 용품 홍보로 상당한 돈을 벌게 되었다. 당시에 그녀는 그렉Greg 고저스라는 이름을 썼고 바람에 휘날리는 듯한 금발에 컨투어링 메이크업을 즐기는 여성적인effeminate 게이 소년이었다. 몇 년간의 크로스드레싱을 거쳐 2013년에 이르자 지지는 트랜스 여성으로 커밍아웃했고, 온라인상의 수많은 팬들을 위해 여러 수술을 비롯한 트랜지션 과정을 기록했다. 이제는 널리 알려진 지지는 구독자 수가 250만 명을 넘는 유튜브 채널을 계속 운영하는 한편, 로스앤젤레스에서 카다시안Kardashian스러운 생활을 하며 모델과 연기 활동도 하고 있다.

어린 시절 그레고리 라자라토Gregory Lazzarato는 촉망받는 다이빙 선수였다. 2005년에는 3미터 다이빙 캐나다 전국 대회에서 우승했다. 그때 찍은 사진 속의 열세 살 그렉은 검정 수영복을 입고 다이빙대에서 있다. 물기는 없다, 아직 입수하기 전이다. 육체 노동자풍으로 보기 싫게 뎅겅 자른 밝은 금발이

눈썹을 바투 덮고 있다. 열세 살치고는 근육질이라
복근이 퍼즐 조각처럼 맞물려 있다. 카메라 오른쪽에
있는 무언가에 시선을 고정한 채 굳은 표정을 하고
있다. 아마도 물을 바라보며 거리를 가늠하고
있겠지만 아무것도 보지 않는 듯한 눈이다. 마음이
딴 데 있다. 이 사진에는 못 견디게 슬픈 구석이
있다. 그는 춥고 외로워 보인다. 그의 피부는 시선에
노출되어 있다. 그는 염소鹽素의 성난 키스를, 깊은
곳으로의 추락을, 그를 빨아들여 통째로 삼켜버릴
물을 생각하며 마음을 다지는 중이다.

하지만 지지 고저스는 깊이를 내쫓는다.
그녀는 섬세하게도 사물의 표면에 머문다.
소금쟁이처럼, 가라앉는 법이 없다. 그녀의 화장법
영상은 몇 년째, 감성이나 어조, 의도의 커다란 변화
없이도 고백이나 젠더 수술 이면을 담은 영상에
녹아들고 있다. 언제나 멋진gorgeous 모습을 유지하는
것이 핵심이다. 그녀는 정말로 멋지다, 그것도
더없이 전통적인 의미에서 말이다. 금발에 날씬하고
가슴은 크며 풀메이크업을 하지 않은 채 유튜브나
인스타그램에 나오는 일은 좀처럼 없다. 이 여성이
이렇게 보이기 위해—립스틱, 마스카라, 갖가지 기초
화장품뿐만 아니라 안면 여성화 수술, 모발 연장,

전기 제모, 여러 번에 걸친 유방확대술까지—쓰는 시간, 에너지, 돈은 그야말로 어마어마하다. 그녀가 무지하게 부럽다.

실제 몸은 물론이고, 고저스가 하는 일들의 몸통은 기술에 대한 엄격한, 강박적인 복종submission이 요체를 이룬다. 컨투어링 브러시의 붓놀림, 가슴의 정밀한 곡선. 완벽하지 않다면 새로 해야 한다. 고저스는 전통적인 미의 기준 때문에 여성으로 인정받기 위해 이런 기술들을 사용할 수밖에 없는 것이 아니다. 그 역시 분명 맞는 말이긴 하지만, 그녀의 복종 자체가 여자스러운female 일이라는 사실이 핵심이다. 어떤 방향으로건 성전환*은 모두 다른 누군가의 판타지를 위한 캔버스가 되는 과정이다. 멋져 **보일**for 상대 없이 멋질 수는 없다. 이를 이루기 위해 고저스는 자신의 개성을 뺴대만

* 원어 gender transition은 의료적, 법적으로 지정된 것과 다른, 자신이 인식하거나 명명하는 성별에 맞추어 행동 양식, 외모, 법적 지위 등 여러 요소를 전환하는 과정 전반을 가리킨다. 이에 해당하는 한국어 성전환은 성전환자(transsexuals)의 용례에 따라 흔히 성기 수술을 비롯한 의료적 조치를 강조하는 뉘앙스가 있으나 여기에서는 가독성을 고려해 성전환으로 옮기고 "트랜지션"과 혼용했다. 상술한 의미, 혹은 비하의 의미가 담겨 있는 transsexuality를 성전환으로 옮긴 경우에는 원어를 병기하였다. 한편, 성전환자, 성전환 여성 등의 표현은 모두 transsexual을 옮긴 것이다.

남기고 다 깎아낸 것이다. 그녀는 웃긴 일에 웃고 슬픈 일에 운다. 진지한 의견이라고는 신기하리만치 없다. 그녀는 가장 흔히 쓰는 말뜻 그대로 멍청한 금발이 되어버렸다.

미스 콜린스.
생각해볼 것도 없이,
그녀는 내가 만나본 중에
가장 난하고 천박한
호모야.[40]

MISS COLLINS.
She is, without a
doubt, the most garish,
tasteless faggot I've
ever run across.

페미니스트들이 남자에서 여자로의 성전환male-to-female transsexuality은 본질적으로 여성성에 대한 판타지라며 이를 막으려 한 것은 어제오늘 일이 아니다. 오늘날 그들은 트랜스 배제적 래디컬 페미니스트trans-exclusionary radical feminists, 줄여서 TERF라 불린다. 재니스 레이먼드Janice Raymond의 1979년 저작 《성전환자 제국: 쉬메일의 탄생The Transsexual Empire: The Making of the She-Male》이 고전이다. 저자는 "모든 성전환자는 여성의 몸을 제 것인 양 가져다 쓰며 진짜 여자의 형상을 인공물로 축소함으로써 여성의 몸을 강간한다"는 주장으로 유명하다.[41] 레이먼드의 이야기 속에서 성전환자는 좋은 페미니스트들이 응당 그렇듯 성별 역할 고정관념을 통째로 거부하는 대신 "하나의 성별 역할 고정관념을 다른 것으로" 대체하는 데 그친다.[42] 이 점에서 성전환은 성적 대상화의 도착적인 확장, "가부장적 사회에서 남자가 여성을 소유하는 것의 궁극적인, 논리적이라고도 할 수 있을, 결론"이 된다. 레이먼드는 이렇게 쓴다. "이때 남성은 여성을, 문자 그대로, 소유한다."[43]

레이먼드는 분명 편협하다. 그녀는 트랜스 여성에 대한, 특히 성기 수술을 비롯한 여러 형태의 의료적 개입에 대한 혐오감을 전혀 숨기려 하지 않는다. (누군가의 음경이 썰려나가는 것을 그 무엇보다도 두려워한다는 것은 트랜스 배제적 페미니스트들의 실로 영원한 아이러니다.) 하지만 그녀가 전적으로 틀린 것만도 아니다. 지지 고저스 같은 성전환 여성을 고정관념과 떼어놓고 이해하는 건 물론 무리다. 오히려, 고정관념화되는 데에 열의를 쏟는다는 사실이 바로 그녀의 이름에 새겨져 있다. 지지 고저스는 젊고 부유하고 백인에 금발이고 푸른 눈에 말랐고 구릿빛 피부를 하고 있다. 도톰하고 도도해 보이는 입술에 크고 둥근 가슴까지. TERF에게는 지지가 더없는 악몽이라는 뜻이다. 성형외과, 내분비내과, 기획사, 홍보 회사가 팀을 이루어 만들어낸 부끄럼을 모르는 미용계의 기적— 걸어 다니는, 말하는 광고판. 나는 그녀의 이런 점이 좋다.

발레리는 때로 트랜스 배제적 래디컬 페미니스트로 여겨지기도 하는데, 그녀는 이 이름을 (무엇보다도 "페미니스트"라는 부분을) 분명 싫어했을 것이다. 아마도 진실은 그렇게 선명하지는 않다. 전기 작가에 따르면 발레리는 1967년 여름, 캔디 달링Candy Darling과 함께 워싱턴스퀘어파크를 돌아다니곤 했다고 한다. 얼마 후 앤디 워홀의 성전환자 뮤즈가 된 인물이다. 당시 발레리는 〈니 똥구멍이다〉에 섭외했던 한 친구에게 캔디를 "수컷 제압male suppression의 완벽한 피해자"로 추켜세웠다.[44] 피해망상이 심해진 다른 때에는 캔디가 여성을 게이 남성을 위한 재밋거리로 삼는다며 비난한 것으로 알려져 있다.[45] 《SCUM 선언문》도 이와 비슷하게 양가적이어서 드랙퀸에 대해 유보적인 태도를 취한다. 솔라나스는 "남자는 자신의 수동성과 여자가 되고픈 욕망, 자신의 호모성을 인정할 때 감히 달라지고자 할 수 있다"고 쓰고는 [하지만 그것만으로 '다름'의 두려움에서 완전히 자유로워지는 것은 아니어서]"충분히 여자"인지에 관한 드랙퀸의 깊은 불안감이 그로 하여금 "남성이 만든 고정관념에 강박적으로" 매달리고 "결국에는 과장된 매너리즘밖에는 남지 않게" 만든다는 단서를 단다.[46] 이런 긴장은 〈니 똥구멍이다〉에 잠깐 등장해 신이 난 봉기 앞에서 잘난 체를 하고 서로의 차림새를 씹어대는 재수 없는 퀸들에게서도 확인된다. 셰에라자드가 "못됐어, 정말. 저질 엉덩이 씨" 하고 투덜대면 미스 콜린스가 "그럴지도 모르지, 하지만 적어도 나는 애프터눈 파티에 금색 펄을 바르고 오진

않아" 하고 받아친다.[47]

발레리가 TERF였는가 하는 질문에는 아마 답할 수 없을 것이다. 훨씬 더 흥미로운 것은, 《SCUM 선언문》은 그 미묘한 젠더 이론 덕에 드랙퀸을 모든 젠더의—혹은 적어도 아빠의 딸의—표본으로 자리매김시킨다는 사실이다. "남자는 여자가 분명히 '여성Woman', 즉 '남성Man'의 반대항이 되도록 해야 한다. 다시 말해 여자는 반드시 호모처럼 굴어야 한다"는 것이다. 이어서 솔라나스는 "그리고 어렸을 적에 여자의 본능을 깡그리 빼앗겨버린 아빠의 딸은 쉽게, 그리고 흔쾌히 이 역할에 순응한다"고 쓴다.[48] 트랜스 여성이란 여성혐오적 고정관념에 병리적으로 동화된 산물이라는 관념은 여기서 부자연스러운 예외가 아니라 모든 젠더를 관장하는 원칙을 내어놓는다. 모든 남성뿐 아니라 SCUM의 구성원이 아닌 여성도 누구든 마찬가지다—어쩌면, 발레리 자신만 빼고 여성도 전부.

러셀.

너 안 못생겼어. 적어도
치마 입고 여자처럼 보이면
안 그럴걸.[49]

RUSSELL.

You're not too bad-
looking, or, at least,
you wouldn't be if you'd
put a skirt on and look
like a woman.

모든 사람은 여자고, 모든 사람은 이를 싫어한다. 이게 사실이라면 젠더란 그저 이 같은 자기혐오가 취하는 형태일 뿐이다. 모든 젠더는 내면화된 여성혐오다. 여자란 타인의 혐오를 집어삼킨 존재다. 마치 아메바가 이웃을 먹어 핵을 갖게 되듯이 말이다. 좀 더 날을 세워 말하자면 이렇다. 젠더는 그저 여자가 내면화하는 여성혐오적 요구 사항이기만 한 것이 아니라 **내면화 과정 자체**, 자아가 **다른** 누군가의 욕망, **다른** 누군가의 나르시시즘이라는 이름 아래 행하는 부드러운 자살이다.

젠더가 사회적으로 구성된 것이라는 주장이 수십 년째 공허한 말로 남아 있는 것은 사실이 아니라서가 아니라 지극히 불완전한 주장이라서다. 실제로, 돈이나 법부터 문학 장르에 이르는 갖가지 것들이 사회적으로 구성된 것이라는 말은 조악하게만 진실이다. 젠더를 **젠더로**—말하자면 젠더의 요체로—만드는 것은 그것이 언제나 타인의 욕망을 표현한다는 사실이다. 따라서 젠더는 성적 지향과 상보적 관계를 맺는다. 성적 지향이 기본적으로 각자의 섹슈얼리티에 대한 사회적 표현이라고 한다면, 젠더는 기본적으로 **다른** 누군가의 섹슈얼리티에 대한 사회적 표현이다.

전자의 경우 각자는 대상을 취한다. 후자의 경우, 각자 자신이 대상이다. 그렇다면, 젠더의 관점에서는 우리 모두가 멍청한 금발이다.

딱히 논쟁거리도 아니다. 발레리보다 훨씬 덜 극렬한 페미니스트들도 오래전부터 여성성femininity은 애초부터 남성 섹슈얼리티를 표현한다고 주장해왔다. 잘 알려진 1968년 미스 아메리카 반대 시위—브래지어 태우기 신화의 기원—를 조직한 이들은 기자회견을 열고 "생각 없고 가슴만 큰 여자라는 모멸적인 상징"을 비난했다.[50] 그들은 미인대회가 그런 전형을 만든다고 생각했다. 이 점을 가장 적나라하게 말한 것은 반포르노 페미니스트 캐서린 매키넌Catharine MacKinnon으로, 그녀가 1989년에 낸 《페미니스트 국가론을 향하여Toward a Feminist Theory of the State》에는 여러 사례가 길게 실려 있다.

> 여성 젠더 고정관념의 구성 요소 하나하나가 실은 성적인sexual 것이라는 점이 드러난다. 취약성은 성적으로 접근하기 쉬워 보임/실제로 쉬움을 뜻한다. 수동성은 신체적인 약함의 훈련을 통해 강요된 수용성과 저항의 무력화를 뜻한다. 부드러움은 단단한 무언가로 인해

임신될 수 있음을 뜻한다. 취약성이 피난처를 요하듯 무능함은 도움을 요해서, 침략이 될 포옹을 청하고 배타적인 접근권을 보호와, 바로 그 접근으로부터의 보호와 맞바꾼다. 가정적인 성격은 대를 잇는 후손을, 정력의 증거를 길러내며 이상적으로는 비닐 랩을 두르고 집에서 기다린다. 여성의 유아화는 아동성애를 떠오르게 한다. 분리된 신체 부위에의 집착(가슴파 남자, 다리파 남자)는 페티시즘을, 병약미의 우상화는 시체성애를 떠오르게 한다. 나르시시즘은 여성으로 하여금 남성이 쥐고 있는 자신의 이미지와 동일시하게 만든다. "가만 있어봐, 네 초상화를 그릴 테니까. 다 그리면 너는 초상화랑 똑같이 하면 돼."[51]

실제로 매키넌의 지적 이력 전체가 "젠더가 섹슈얼리티를 구성하는 것이 아니라 섹슈얼리티가 젠더를 구성한다"라는 주장으로 이루어져 있다.[52] 그녀에게 이것은 남성과 여성이 동의 없는 성적 대상화가 핵심인 "지배와 복종의 성애화eroticization"를 통해 구성된다는 뜻이다.[53] 그 유명한 말이 여기서 나온다. "남자가 여자를 따먹는다fuck. 주체[주어]가 대상[목적어]을 동사한다."[54]

여자라는 것은 대상이라는 것이다—이 점에 있어 매키넌이 옳다고 생각한다. 그녀의 패착은 여자임이 여성에게만 해당하는 조건이라는 전제에 있다. 젠더란 언제나 대상화되는 과정이다. 지지 고저스 같은 트랜스젠더 여성들이 이를 가장 잘 알 것이다. 성전환은 결국 주체적으로 자기를 어떻게 정체화하는지가—이 정체화가 소중하고 중요한 만큼이나—그래 봐야 그 자체로는 기본적으로 하찮다는 것을 아는 데서 비롯된다. 정체성이 젠더의 전부라면 트랜지션은 생각만 하면 되는 쉬운 일일 것이다. 전구에 불이 들어오는 것처럼 짠, 하면 되는. 당신의 성정체성은 말 없는 추상적 관념 속에 그저 존재하기만 하리라. 다른 이들은 물론이고 당신 스스로조차도 신경 쓰지 않으리라.

반대로, 젠더 트랜지션—가장 단순한 호칭에 대한 요청부터 몸에 칼을 대야 하는 수술까지—에서 배운 것이 있다면 그것은 젠더란 다른 사람들이 당신에게 부여해야만 하는 것이라는 점이다. 젠더가 정말로 존재하기나 한다면 말이지만, 젠더는 오직 남들의 구조적인 관대함 속에서만 존재한다. 오늘날 사람들이 어떤 성정체성을 두고 "합당하다valid"고 할 때, 그 말은 참이긴 하지만 오직 동어반복적으로만 그렇다. 좋게 보자면 가능성에 대한 도덕적인 요구지만 그 자체로 가능성이 실현되는 것은 아니다. 진실은 이렇다. 당신은 스스로에 관한 의미에 있어 중앙 교차로가 아니다. 어쩌면 그럴 권리조차 없다. 기회가 허락된다 하더라도 자신과 동의에 이르지 못한다.

자신과 동의에 이르지 못한다—이것이 여자라는 것의 한 가지 정의定義다.

진저.

남자들이 똥 잘 먹는* 여자를 훨씬 더 존경한다는 걸 누구나 알지.[55]

GINGER.

Everybody knows that men have much more respect for women who're good at lapping up shit.

*

영어에서 똥(shit, turd)은 실제의 똥이기도 하지만 한국어에서와 마찬가지로 마음에 안 드는 일이나 허튼소리를 뜻하기도 한다. 아래에서 똥을 먹는 것은 굴욕적인 일을 (이 장에 묘사된 상황에서는, 때로 기꺼이) 당하는 상황에 대한, 똥을 찾아다니는 것은 시답잖은 남자만 좇는 상황에 대한 비유기도 하다.

드랙퀸들이 떠나고, 봉기는 똥 덩어리를 찾는 한 소녀를 만나게 된다. 그녀의 이름은 버지니아 판햄Virginia Farnham. 하지만 [생강이라는 뜻의] 진저라 불리고 싶어한다. "날 아주 잘 표현해주거든, 화하고 알알하지."[56] 친절한 설명을 곁들인다. 그녀는 잃어버린 갈색 종이봉투에 담아둔 똥을 찾고 있다. "오지랖인 건 알지만, 소중한 똥이야?" 어리벙벙해진 봉기가 묻는다. "말도 안 되는 소리 마" 하고 쏘아붙이며 진저는 이렇게 답한다. "저녁거리야."[57]

진저는 〈니 똥구멍이다〉가 자랑하는 아빠의 딸이다. 그녀는 "산통産痛이 쾌감이라는 학설의 대표 주자"인 자신의 정신분석가를 신봉한다. 직원 중에 여성은 자신뿐인 러셀의 사무실에서 그녀는 성희롱당하는 걸 뿌듯해하고 남자로 여겨지는 걸 기뻐한다. 그녀는 봉기에게 말을 쏟아낸다. "나는 남자의 마음을 사로잡는 법을 완전히 꿰고 있어. 나는 남자들 수준에 맞게 말해. 남성적이고 정력적이고 세련된 관심사를 갖고 있지—성교의 체위나 케인스주의 경제학 같은 걸 엄청 좋아하고 야한 사진을 몇 시간이고 계속 볼 수 있어."[58] 그녀는 자랑스레 남성들의 생각을 앵무새처럼 따라 말한다. 그녀는 "러셀뿐 아니라 필이나 밥의 의견도 똑같이 어려움 없이 받아들였을" 만큼

"충분히 유연하다."[59] "네가 없으면 곤란"하리라는 사장의 말에 승진에서 빠진 걸 기쁘게 수긍했다.[60] 남자 예술가들을 사랑한다. 시—"그 어떤 사상, 태도, 관념에도 오염되지 않은 순수한 감정"—를 쓴다.[61] 똥으로 말하자면, 그저 손님들에게 깊은 인상을 남기기 위해 식탁에 내고 싶을 뿐이다.

2016년 4월, 코미디언 제이미 로프터스Jamie Loftus는 천 쪽에 이르는 데이비드 포스터 월리스David Foster Wallace의 소설 《끝없는 농담Infinite Jest》을 먹는 모습을 촬영해 트위터에 올리기 시작했다. 이 프로젝트—퍼포먼스 아트, 몸 개그, 똥 싸는 소리 하는 게시물을 한데 섞은—에 관한 《바이스Vice》 인터뷰에서 로프터스는 모임에서 만나는, 자기가 뭐쯤 되는 줄 아는 남자들이 난해하기로 유명한 이 책을 권해대는 데 질려서 한 일이라고 설명한다. 그녀는 기자에게 "기본적으로 [그들은] 제가 이 책을 읽어봤는데 마음에 안 들면 이해를 못해서 그런 거라고 말했다"며 "전 무대에선 개 사료를 먹으니까, 장난삼아 책을 먹고 트위터에 올리기로 한 것"이라고 말했다.[62] 당시 서점에서 일했던 로프터스는 이듬해 한 해 정도 책장을 먹는 모습을 촬영했다. 영상 속 그녀는 책장을 샌드위치에 끼워 먹거나 맥주와 함께 넘겨버리거나 비스코티처럼 커피에 찍어 먹는다. 스파게티에 넣거나 스튜를 끓인다. 바쁠 때는 운동복을 사물함에 처넣듯 책장을 얼굴에 욱여넣고 질근질근 씹는다. 쇼핑몰에서, 거리에서, 책상에서, 클럽에서 먹는다. 보스턴 게이 프라이드 행진에서 먹는다. 휴대전화 카메라를 향해 "전 게이는 아니에요, 하지만 책을 먹긴 하죠" 하고 말한다.[63]

로프터스는 《바이스》 인터뷰에서 우선 책장을 부드럽게 만드는 편을 선호한다고 말했다. "무대에서 할 때만 완전히 마른 채로 입에 넣고 삼킨다"는 것이다. "영상을 찍을 땐 보통 일종의 토핑을 얹거나 적셔요, 안 그러면 몸이 느끼기에는 험한 길을 10마일쯤 가는 거나 마찬가지일 테니까요." 읽기에서 먹기로의 전환은 시각에서 소화로의 일종의 점진적 퇴보를 나타낸다. 로프터스는, 물론, 엉뚱한 구멍에 밀어 넣었다. 인쇄물의 아주 약간은 창자에서 잘게 부서져 어찌어찌 몸에 흡수되었을 것이다. 나머지는 물론 배설물로 방출된다. 프로젝트를 시작하고 한두 주 지나 로프터스는 독극물 관리반에 전화해 《끝없는 농담》을 먹으면 죽는 건 아닌지를 재차 확인했다. "그들은 '드셔도 된다고는 못하죠' 하는 식이었지만 방법이 있어요. 너무 자주는 못해요, 매일 한 장씩

하고 싶지만 그러면서 목숨을 부지하기는 어렵죠."[64]

언젠가 로프터스는 《끝없는 농담》을 엉덩이로 먹기로 했다. 내가 알기로는 그 영상도 있었지만, 프로젝트 대부분과 함께 사라져버렸다. (2018년 2월, 트위터는 로프터스가 평창동계올림픽에 참가한 피겨스케이팅 선수들이 음악 대신 빈정대는 소리에 맞춰 경기를 하는 패러디 영상을 올렸다는 이유로 그녀의 계정을 중지시켰다.) 고맙게도 《바이스》 인터뷰에 이 항문 섭식 행위의 사진이 실려 있다. "《끝없는 농담》 다섯 장을 사과 여러 개랑 갈아서 이렇게 걸쭉한 소스로 만들었죠. 그리고는 미리 사둔 요리용 스포이드에 소스를 채워 엉덩이에 꽂고 물구나무를 서서는 다른 사람에게 스포이드가 빌 때까지 짜 넣으라고 했어요."[65] 사진 속 로프터스는 손은 땅에 짚고 발은 공중에 세운 채 거꾸로 서 있다. 민짜 회색 팬티에 아마도 스포츠 브라 차림이다. 그녀의 친구는 한 손에는 그녀의 발목을, 다른 한 손에는 요리용 스포이드를 쥐고 있다. 로프터스의 오른 다리가 가리고 있어 스포이드가 꽂혀 있는지 어떤지는 불분명하다. 그녀의 몸은 인형이나 마네킹 같아 보인다. 그녀의 얼굴은 화면에 들어오지 않는다.

《SCUM 선언문》은 "'문화'를 흡수한다는

건 재미없는 세상에서 흥을 내려는, 척박하고 텅 빈 존재의 공포를 벗어나려는 필사적이고 황망한 시도"라고 천명한다. 발레리는 남성이 만든 예술에 대한 경멸밖에는 가진 것이 없었다. "무언가 바꿀 수 있는 자신의 능력을 믿지 못하고 현 상태를 따르는 치들은 똥에서 아름다움을 찾는 **수밖에 없다**. 지금껏 보아 아는 대로, 그들에게 있는 것이라곤 예나 제나 똥이 전부기 때문이다."[66] 누가 뭐래도 아빠의 딸인 로프터스는 정확히 말해 똥을 먹지는 않는다. 하지만 분명, 그러고 있다는 **기분**이 든다. 책은 그녀의 엉덩이를 거슬러 올라 문자 그대로 속으로 밀어 넣어진다. 일종의 지적 남색이다. 아니, 차라리, 반反지적이다. 이 프로젝트는 남자 천재 숭배에 대한 비판이었던 만큼이나 굉장한 자기 얼굴에 침 뱉기였던 것 같다. 로프터스는 그저 여자의 멍청함을 연기perform한 것이 아니었다. 정말로 말 그대로 멍청한 여자기도 했다. 그녀는 《바이스》에 자신에게 《끝없는 농담》을 읽히려 했던 남자들 중 그 누구도 그래서 그 책이 어떤 내용인지 제대로 요약해주지 않았다고 했다. 그녀와 비슷했다. 차이를 알기에는 그들은 너무 아둔했다. "모르겠어요, 어리석은 짓이죠."[67] 그녀가 《바이스》에 밝힌 소회다.

러셀.

넌 여자가 뭔지 몰라, 넌 괴물성을 거세해버렸지.[68]

RUSSELL.

You don't know what a female is, you desexed monstrosity.

보기와는 달리 [여자를 뜻하는] 피메일female이라는 말은 어원적으로 메일male[즉 남자]이라는 단어와 무관하다. 후자는 동물을 이야기할 때처럼 "수컷male"을 뜻하는 라틴어 mās의 지소사指小辭 masculus에서 나와 프랑스어를 거쳐 생긴 말이다. (옥스퍼드 영어 사전은 꺼림칙하게도 "더 이상의 어원은 알려져 있지 않다"고 말한다.) 전자 역시 프랑스어를 거친 것이기는 하지만 "여성woman"을 뜻하는 라틴어 fēmina에서 온 것으로, 이 말은 "젖 먹이는 이she"쯤 되는 옛 분사 형태다.* 인도유럽어족을 되짚어 보면, 피메일은 스무 개가 넘는 영어 단어와 먼 친척 사이다. fecund[다산하는, 비옥한], felicity[지고의 행복], fennel[회향], fetus[태아], affiliate[제휴하다, 연계하다], effete[힘없는, 여자 같은], 그리고, "좆을 빨다"라는 뜻의 라틴어 fellāre에서 나온 펠라티오fellatio.

14세기까지 거슬러 가면 피메일이라는 단어는 특히 아이를 기르는 능력에 방점을 두고 여성women을

*

단어 첫머리의 'fe'가 '빨다' 혹은 '빨게 하다'를 뜻한다. 아래 열거된 단어들은 조어 경로에 따라 빠는 행위, 후손을 낳아 젖을 먹여 기르는 일, (이를 포함하는 광의에서의) 생산력, 생산을 통한 기쁨, 그러한 일의 당사자로 여겨지는 여성 등과 연관된다. 한편 fellāre는 넓게는 빠는 행위 전반을 뜻하지만 목적어 없이도 음경(혹은 젖)을 빠는 행위를 가리켜 쓰인다.

가리키는 데 쓰였지만, 19세기 들어 생물학 분야가 대두하기 전까지는 엄격하게 "여성female sex인 인간 포유류"라는 뜻으로 규정되지는 않았다고 할 수 있다. 미국의 경우, 부인과 의학의 아버지라 불리는 J.매리언 심스Marion Sims가 이 분야를 설립한 것은 남북전쟁 이전 남부 지역에 살며 자기 집 뒤뜰에서 노예화된 여성들에게 수술을 하면서였다. 동의는 물론 없었고, 종종 마취조차 하지 않았다. C. 라일리 스노튼Riley Snoton이 최근에 쓴 것처럼, 생물학적 여성과 사회적 범주로서의 여성은 중립적인 과학적 관찰과는 거리가 멀다. 바로, 잡아 온 흑인 여성들을—심스의 연구가 고상한 백인 사회의 여성 환자들에게도 적용될 수 있도록—사회적, 법적 인격 지위를 부여하지 않으면서도 여자로 인식되게 하기 위한 것이었다.[69] 바꾸어 말하자면 성별sex이란 젠더가 부정된 바로 그 시점에 만들어진 것이다. 이런 의미에서 여자는 언제나 인간person 이하였다.

20세기 들어서는, 프랑스 내분비학자 알프레드 조스트Alfred Jost의 연구 덕에 여자라는 것이 그저 성별이 아닌 포유류 태아의 **기본** 상태로 여겨지게 되었다. 부인과 의학자이자 MTFmale-to-female 젠더 수술의 선구자인 마시 바워스Marci Bowers는 수년에 걸친 수술로 연마한 질성형 기술을 설명하며 현대 발생학의 바로 이 원칙을 언급한다. 그녀의 웹사이트에는 "임신 초기에는 누구나 여성 성기를 갖고 있죠, 수술의 목표는 현재의 해부학적 구조를 초기 형태로 되돌리는 거예요"라고 적혀 있다.[70] 인간의 배아는 대부분의 포유류와 마찬가지로 원래 여자며 남성화를 일으키는 인자가 개입해야만 남자가 된다는 발상이다. 따라서, 초기 단계 성별 분화의 테이프를 외과적으로 되감음으로써 음경으로부터 질을 만들어낼 수 있다는 것이다.

이 같은 발달 현상은 결과적으로 신이 아담의 갈비뼈를 써서 이브를 나중에 창조했다는 성경의 창조 신화를 뒤집는다. 논란의 성과학자 존 머니Jonh Money가 《아담의 원칙Adam Principle》에서 제시한 동명의 원칙도 말이다. 아담의 원칙에 대한 머니의 주석은 기이하기 그지없다.

> 아담과 이브 이야기가 20세기의 발생학 연구소에서 쓰여졌다면 이브가 먼저 창조되었을 것이다. 그러고 나면 아마도 천사장이 남성화 호르몬인 테스토스테론을 채운 주사기를 들고 강림할 것이며 이브와 테스토스테론을 더해

> 아담이 만들어질 테다. 이 짧은 우화는 근본 없는 상상으로 만들어낸 황당무계한 이야기가 아니다. 현대 발생학의 과학적 사실에 기반한 것이며, 자연의 질서에서는 이브가 먼저고 아담은 그다음이라는 데에 의심할 여지가 없다.[71]

분명 머니는 이름을 잘못 붙였다—어느 모로 보나, 이 우화에서 이브가, 뭐랄까, **제1원리**principal라는 점을 생각하면 이브의 원칙이 되어야 한다. 하지만 머니는 기어코 남자를 전보다도 훨씬 더 있어 보이게 만든다. 천상의 기능 강화 약물 주사를 맞은 호르몬의 기적으로 말이다. 아담의 원칙을 증명하기 위해 머니는 자신의 안드로겐 불감성 증후군 연구를 제시한다. 안드로겐 불감성 증후군이 있으면 선천적으로 Y 염색체의 유도에 반응하지 않아, 이 박사님 말씀을 빌리자면, "완벽한 여자처럼" 보이게 된다.[72] 이 대목에서 머니는 흥분을 감추려 고전한다.

> 남성 호르몬과 싸울 일이 없으므로 고환 에스트로겐은 여성의 형태를 빚어낸다.

> 그녀의 준수한 외모는 어쩌면 모델로 먹고살 만큼 출중할 수도 있다. 이것이야말로, 수염이 덥수룩하고 낮은 목소리에 늠름하게 안드로겐화되었고 마초적인 남자 중의 남자 속에도 숨어 있는, 영원히 갇혀 있는 이브의 힘인 것이다![73]

자기가 무슨 말을 하는지 알기나 하는 걸까?

미스 콜린스.
난 현실을 직시해.
우리가 남성이란 게
우리의 현실이지.[74]

MISS COLLINS.
I face reality,
and our reality is
that we're men.

테스토스테론 차단제를 쓰기 전엔 화가 나는 일이 잦았다. 무섭도록 화가 나는 일이. 자주 소리를 질렀다. 대학에 다닐 땐 몇 번인가 팔뚝을 물었다. 세게. 벌겋게 잇자국이 남을 만큼. 본질주의적인 말일진 모르겠지만, 아무튼 사실이다.

피아노 작업으로 보낸 가을엔 외로웠다. 밤에는 못생긴 탁상용 형광등 하나만 빼고 불을 끈 채 일했다. 아무도 신경 쓰지 않을 작품에 아무도 읽지 않을 말들을 새겨 넣었다. 그때도 아무도 보지 않으리란 걸 알았지만, 아무튼 했다. 달리 할 일이 없었으니까. 뱀처럼 구불대며 목재 위에서 제각기 갈 길을 가는 작고 읽기 힘든 글자들을 바라보았다. 건반에 글자를 새기는 데 쓰던 드라이버가 미끄러져 손바닥을 긁기도 했다. 아마도 우울했던 것일 텐데, 당시에는 그런 말이 전혀 떠오르질 않았다.

《SCUM 선언문》과 함께 옮겨 쓴 여러 글 중에는《미래주의 여성 선언문Manifesto of the Futurist Woman》이라는 것도 있었다. 프랑스의 미술가이자 무용가였던 발렌틴 드 생푸앵Valentine de Saint-Point이 1912년에 이탈리아 미래주의자들에게 화답해 쓴 글이다. 발레리가 파시스트였다면 (혹은 그 이상이었다면) 이랬을까 싶다. 생푸앵은 미래주의자들과 한편이 되어 산업기계에 대한 찬미, 폭력에의 열망, 당당한 권위주의에 동조한다— 그녀는 그저 여성들도 한몫 챙길 수 있기를 원한다. 그녀는 "페미니즘은 정치적 오류"라며 비웃는다.[75] 생푸앵에게 있어 인류 전체는 최근까지도 역사의 여성적 시대, 감상적이고 평화롭고 병약한 시대라는 수렁에 빠져 있었다. 지금 필요한 것은 피다. 남성이든 여성이든 남자의 요소와 여자의 요소를 모두 통합함으로써만 완전체가 될 수 있으며 성별을 불문하고 현재 가장 부족한 것은 바로 정력virility이라고 생푸앵은 주장한다. 역설적인 결론이 나온다. 남성화masculization야말로 여성이 스스로를 완성할 유일한 길이다. 생푸앵은 "모든 여성은 여성적 덕목뿐 아니라 남성적 덕목 또한 갖추어야 한다"고 쓴다. "그렇지 못하면 그녀는 암컷female일 뿐"이라는 것이다.[76] 여기서 쓰인 프랑스어 단어는 femelle, 사람이 아니라 가축에게 쓰는 말이다.

때로는 학교 친구들과, 때로는 혼자서, 그 학기에는 연극을 참 많이 보았다. 브루클린의 세인트 앤 웨어하우스에서 본 《미스 줄리Mies Julie》가 생각난다. 스트린드베리Strindberg가 쓴 세기말 금단의 러브 스토리의 배경을 스웨덴에서 아파르트헤이트 철폐 이후의 남아프리카로 옮겨 개작한 작품이다. 여기서는 부유한 아프리카너Afrikaner의 딸로 나오는 줄리와 그녀의 아버지가 데리고 있는 흑인 하인인 존이 서로를 맴돌며 매섭고 충격적인 에로티시즘을 그린다. 폭발적인 절정에 이르면 존은 줄리를 붙들고 식탁에서 거칠게 섹스를 한다fucks. 배우가 바지를 내리고는 일반적인 연극적 언어로 섹스를 표현하며 벌거벗은 엉덩이를 관객을 향해 내보였던 것이 기억난다. 정확히 강간은 아니었지만 강간이 아닌 것도 아니었다. 연극이 끝난 후 나는 학교 여자 친구들과 함께 씩씩대며 거리를 걸었다. 그 장면은 쓸데없이 들어간 거라고 말했다. 선정적이고 착취적이고 여성혐오적이라고. 내가 언성을 높여도 그들은 말리지 않았다. 친구들은 내게 이런 행동을 기대했다. 그들은 생각했다, **페미니즘**이라고.

하지만 섹스는 도처에 있었다.

브루클린음악원에서 본 《해변의 아인슈타인Einstein on the Beach》도 생각난다. 필립 글래스Philip Glass의 다섯 시간짜리 미니멀리즘 오페라다. 알베르트 아인슈타인에 관한 것인데, **관한**이라는 말을 극도로 추상적인 의미로 쓴다면 그렇다. 전 애인을 만날 때

바람을 피운 여자애와 같이 봤다. 4막에는 암전이 있었는데, 잠시 후 무대 바닥에 수평으로 누운 기다랗고 빛나는 긴 막대가 나타났다. 오르간 독주가 흐르고, 시곗바늘이 돌아가는 것처럼 막대 왼쪽이 들리기 시작하더니 완전히 수직으로 섰다. 유튜브 영상으로 이 장면을 확인해보니 10분 정도 걸린다. 어둠 속에 앉아 이 거대하고 새하얀 발기를 지켜보고 있었던 당시엔, 영원한 것처럼 느껴졌다. 발레리라면 싫어했겠지.

그날 밤 집에 돌아와서는 아마도 포르노를 봤을 것이다. 거의 매일 밤 그랬다. 룸메이트들이 눈치채지 못하리라는 듯, 같이 쓰는 화장실에 숨어서 죄책감을 느끼며. 처량한 가식적인 소년. 강간에 분개하는, 가망 없는 포르노 중독인. 둘은 서로에게 기름을 부었다. 남들 앞에서 올바르게 굴수록 혼자서는 수치심에 빠져들었다. 화가 화를 돋우었다. 내게 불을 지른 것들이 더 활활 타올랐다.

내가 여성일지도 모른다는 생각이 들기까지는 몇 년이 더 걸렸다. 당시에 그런 생각이 떠올랐다면 벌레 쫓듯 내쳤을 것이다. 남성이라는 게 싫었지만 페미니즘은 원래 그런 기분이 드는 거라고 생각했다. 남성이라는 것은 내가 남성이라는 데 대한 벌이었다.

그 이상은 욕심이었다.

봉기.
왜 여자들을 영계라고
하지? 부리가 달린 건
남자들인데.[77]

BONGI.
Why're *girls* called
chicks? After all, *men*
have the peckers.

《SCUM 선언문》은 "남성들이 꼬라박는 건 여자가 되고픈 욕망에 대한 방어기제"라고 단언한다.[78] 남자 리비도에는 그게 실은 남자가 아니라는 역설이 있다. 이것이 가장 분명하게 드러나는 곳은 남초 커뮤니티manosphere라고 잘못 이름 붙여진 인터넷 자치 구역이다. 픽업 아티스트, 남성 권리 운동가, 인셀incels, 제갈길가는남자들Men Going Their Own Way을 비롯한 대안우파들이 모여 위안을 찾고 팁을 공유하고 보복 걱정 없이 여성혐오와 인종주의를 퍼뜨리는 그곳 말이다. 남초 사이트의 핵심에는 남성—늘 그런 건 아니지만 전형적으로는 백인 남성—이 지난 반세기 동안 지위를 잃었으며 근본적으로 그것은 페미니즘의 부상 때문이라는 믿음이 있다. 이러한 사실을 각성하는 것을 빨간 약을 먹는다고 한다. 1999년 영화 〈매트릭스The Matrix〉에서 빌려온 표현이다. 여기서 해커인 주인공 네오에게는 빨간 약과 파란 약이 주어진다. 파란 약을 먹으면 네오는 아무것도 기억하지 못한 채 가상현실인 일상으로 돌아가게 된다. 빨간 약을 먹으면 매트릭스 바깥의 진짜 세계, 지능이 있는 기계가 인간을 노예로 만든 세계로 가게 된다. 네오는 빨간 약을 택한다. 최근에 대안우파는 이 장면을 페미니즘의 세뇌를 벗어나 진실을 본다는 우화로 가져다 쓰기 시작했다. 페미니즘은 병이며 모든 여성은 지배당하고 싶어 한다는, 착한 남자는 밀려날 뿐이라는 진실을.

물론 빨간 약을 다르게 해석할 수도 있다. 트랜스 여성들은 적어도 2012년 이래로 〈매트릭스〉가 성전환의 알레고리라고 주장해왔다.[79] 감독 라나 워쇼스키Lana Wachowski가 그해에 영화 〈클라우드 아틀라스Cloud Atlas〉 기자 간담회 자리에서 트랜스 여성으로 공개 커밍아웃을 했다. (그녀의 자매이자 공동 감독인 릴리Lilly는 2016년에 그 뒤를 따랐다.) 이야기 곳곳에서 어렵지 않게 그러한 상징을 찾을 수 있다. 토머스 앤더슨의 이중생활(밤에는 해킹을 한다), 그가 스스로 선택한 이름(네오), 희미하지만 분노를 끓게 하는, 세상이 뭔가 잘못됐다는 느낌(저항군 수장 모피어스는 이것을 "마음속의 가시"라 부른다[80]). 네오에게는 디스포리아dysphoria가 있다. 매트릭스는 젠더 이분법이다. 감이 오지 않는가.

게다가 빨간 약은 호르몬 요법에 대한 은유라기보다는 문자 그대로 호르몬이다. 온라인에서 많은 이들이 지적했듯, 1990년대에 처방되던 에스트로겐이 사실 빨간색이었다.

〈매트릭스〉풍으로 암말의 소변에서 추출한 성분으로 만드는 0.625밀리그램 프레마린정Premarin錠이 매끈하고 초콜릿빛이 도는 적갈색 알약이었다. 요즘 트위터의 트랜스 앨라이들은 이 장면을 페미니즘의 세뇌로부터 "각성"하는 우화로 가져다 쓰는 대안우파들에게 **사실은 말이지**, 하는 조로 이 사실을 들이대며 신이 나서 응수한다.

여기에 뭔가가 있다. 진지하게 적용해보자면, 빨간 약을 먹은 남초의 이주민, 흑인, 퀴어에 대한 앙심은 젠더 디스포리아가 사디즘적으로 표출된 것일 수 있다. 이렇게 읽으면 그는 여자가 되고픈 욕망에 사로잡혀 이를 억누르려 몸부림치는 되다 만abortive 남성, 알파의 몸에 갇힌 베타다. 자신의 남성성manhood을 높이려는 그의 욕망은 근본적인 것이 아니라 이차적인 방어기제다. 주위에서는 그를 리더, 부양자, 결정권자로 여기지만 그들이 잘못 알고 있다는 것이 그에게 가장 두려운 것이다. 그는 트랜지션을 피하기 위해 과격화radicalize—학교 총기 난사, 장벽 건설—한다. 일부 벽장 트랜스 여성들이 자기 안의 소녀를 내쫓기 위해 군대에 들어가는 것과 같은 방식이다.

하지만 다른 층위도 있다. 워쇼스키 자매가

프레마린은 알았다 하더라도 오늘날 가장 흔히 처방되는 에스트로겐이 파란색이 될 줄은 꿈에도 몰랐을 것이다. 정확히는 담청색. 작고 표면은 거친, 이스라엘 제약사 테바가 생산하는 2밀리그램 에스트라디올 알약이다. 입에 넣으면 가루가 된다. 현재 나는 매일 일어나서 한 번, 자기 전에 한 번, 하루에 두 번씩 파란 약을 먹고 스스로를 가상세계로 되돌려 보낸다. 이 논리대로라면 〈매트릭스〉의 숨은 트랜스 여성은 구세주 네오가 아니라 매트릭스로 돌아가는 대가로 기계들에게 모피어스를 넘기는 더러운 배신자 사이퍼Cypher다. 그는 입속 가득 육즙이 흐르는 실재하지 않는 스테이크를 먹으며 요원들에게 이렇게 말한다. "무지는 축복이야." (**사이퍼**cipher가 원래는 숫자 0을 뜻하는 말임을 생각해보라.) "나는 아무것도 기억하고 싶지 않아. **아무것도**. 무슨 말인지 알겠어?"[81]

발레리는 호르몬 요법에 찬성했을 것 같다. 《SCUM 선언문》은 "뇌와 신경계에 대한 수술을 통해" 남성이 여성으로 변하는 미래적 세계를 넌지시 긍정한다.[82] 이것은 혁명 후에도 남아 있을 소수의 남성을 위한 《SCUM 선언문》의 비학살적 해법 중 하나다. 주석에 암시되어 있는 다른 하나는 훨씬 더 매트릭스스럽다. 남성들이 기꺼이 "대리경험자vicarious livers"로서 접속할 광대한 가상현실 네트워크다. 발레리는 "[남성]이 [자신이 원하는] 특정 여자와 동기화해 그녀의 행동 하나하나를 샅샅이 좇는 것이 전자電子적으로 가능할 것"이라고 설명하며 이것을 여성이 "불행한, 장애가 있는handicapped 동료 존재들"을 대우하는 "경이롭도록 친절하고 인간적인 방식"으로 선언한다.[83]

다른 누군가가 당신 대신 당신의 삶을 살게 하는 것—이것이야말로 젠더의 핵심이 아닌가?

봉기.

와서 이거 가져가.[84]

BONGI.

Come and get it.

레딧Reddit에서 '빨간 약'r/TheRedPill 게시판—특히 악명 높은 남초 커뮤니티의 기원들 중 하나—에 들어가 보면 사이트에서 설정한 경고 메시지가 뜬다. "충격적이거나 매우 불쾌한 내용을 주제로 함"이라며 "정말로 이 커뮤니티를 보시겠습니까?" 하고 묻는다. 버튼을 클릭한다. 2016년에 올라온 〈정복자처럼 여자랑 자는법: 모델급 여자를 만나기 위한 37가지 법칙HOW TO GET LAID LIKE A WARLORD: 37 Rules of Approaching Model-Tier Girls〉이라는 제목의 글을 보기 위해서다. 이 글은 스스로를 "9점, 10점짜리를 꼬시는 완벽 가이드"로 소개하지만 이내 보디랭귀지나 "작업 전략handling logistics"까지는 담고 있지 않다고 덧붙인다.[85] (나는 기대를 낮춘다.) 마이크 헤인스라는 남성으로 보이는 이 글의 필자는 과거의 자신을 덩치 큰 아이들에게 자주 괴롭힘 당했던 허약하고 왜소한 아이로 설명한다. 마이크는 생의 대부분을 비자발적으로 금욕하며 살았지만 빨간 약을 먹은 후로 종종 7점, 8점짜리랑 잤고 지금 여자 친구는 모델 일 같은 걸 한 적도 있는 9점짜리다.

마이크의 철학 체계는 단순하다. 여성은 남성에게 끌린다. 끝. 유일한 문제는 진화상의 이유로 그들이 까탈스럽기도 하다는 점이다. 빨간 약을 먹었다는 이들은 이 현상을 **상승혼**hypergamy이라고 부른다.[86] 여성이 말도 안 되게 기준을 높여가며 점점 더 매력적인 파트너를 찾는 경향을 가리키는 말이다. 여성은 자연적으로 더 강한 **프레임**frames—픽업 아티스트계 용어로 "사회적 처신", 혹은 이를테면 "젠더"와 비슷한 무언가를 뜻한다—을 가진 남성을 선호하기 때문에 무의식적으로 잠재적 구혼자를 프레임에 부담을 가하는 일련의 시험에 들게 한다. "여성은 당신에게 복종하고 싶어 한다. 강한 남성에게 복종하고 싶어 한다. 하지만 당신의 프레임이 자기 것보다 약하다면 당신에게는 복종할 수 없다".[87] 역설적이게도 이것은 남자의 유혹이 능동적인 것이 아니라, 마이크 본인의 말대로, "수동적인 과정"이라는 뜻이 된다. 마이크는 단연코 작업 멘트, 조종술, 멋진 외모나 두둑한 주머니 같은 싸구려 수작이나 꼼수는 용납하지 않는다. 이 게임의 이름은, 길게 말할 것도 없이, 인내다. "여자들은 내게 정말로 잔인한 말들을 했다. 못생겼다고, 너무 작다고, 찌질이라고 등등." 이렇게 고백하며 마이크는 말한다. "가슴에 박히지는 않는다."

그렇게, 예기치 않은 역할 반전이 벌어진다. 복종할 만한 남자인지를 확인하려면 여성은 우선 그를 지배해 보아야만 한다. 반대로 남성은 자신의 복종을 내다보는 법을 배워야만 한다. 마이크는 "여성은 자신을 얻는 데 따르는 **저항**을 극복하지 못하는 남자에게는 젖지 않도록 만들어져 있다"고 설명한다. "그러므로 시험은 실제로 그녀를 유혹하는 데 도움이 된다. 그녀가 당신을 시험하기를 바라라. 더 많은 시험을 견뎌낼수록 더 빨리 그녀는 당신과 잘 것이다"라고.[88] 그렇기에 최고의 찌질이—학대, 고통, 모멸감에 가장 열려 있는—가 최고의 승자가 된다. 자신이 여성이 아니라는 걸 어떻게든 증명해내려, 그는 잠시 여성이 된다. 《SCUM 선언문》은 "저편에서 친절한 보지가 기다리고 있다고 생각한다면" 남성은 기꺼이 "콧물 강을 헤엄치고 토사물 범벅인 콧구멍 깊은 곳에 뛰어든다"고 싸늘하게 서술한다.[89]

내가 마이크나 빨간 약을 먹은 그의 동료들에게 너무 관대하다고 생각할지도 모르겠다. 이 남성들에게는 우월주의자 개새끼, 예비 강간범, 가정폭력 테러리스트 같은 이름이 마땅하지 않은가? 그들은 힘, 무력, 공격성, 독립성을 중시하지 않는가? 물론 그렇다. 하지만 《SCUM 선언문》이 알려주는 바가 하나 있다면 그것은 남성들이 정말로 자신들이 **말하는** 그것을 원한다고 단정해서는 안 된다는 점이다. 선언문은 "남자가 여자보다 뛰어난 영역이 하나 있다"고 말한다. 바로 "홍보"다.[90] 발레리가 보기에는 그저 남성이 남성이라는 생각이야말로 인류 문명 역사상 최대의 사기였다. 따라서 성적 억압이라는 가부장적 체제는 남성의 남자다움malesness을 표출하기 위해서가 아니라 그의 여자스러움femaleness을 숨기기 위해서 존재했던 것이다. 발레리는 "그는 자신의 수동성을 싫어한다. 그래서 그것을 여성에게 투사하고는 남자를 능동적이라 정의한다. 이어서 자신이 그러함을 증명할 채비를 한다"고 쓴다. 그녀는 이런 현상을 〈니 똥구멍이다〉에 이미 극화해둔 바 있다. 빨간 약이라는 말이 생기기도 전에 빨간 약을 먹은 러셀을 봉기가 부추겨서는 수풀 뒤에서 자신과 섹스를 하게 만드는 장면이다. 그녀는 그저 자신이 할 수 있음을 보이기 위해 그렇게 한다. 러셀은 처음에는 거부하지만 어쩔 수가 없다. "절대 당신이랑 사랑을 나눌 순 없겠지만 당신한테 박을 만큼 쓰레기긴 **하지**." 그는 그녀를 비웃으며 열을 올린다. 그때 봉기가 그를 멈춰 세우고 명령한다. "무릎 꿇고 '당신이랑 하게 해주세요' 하고 말해봐." 그는 시키는 대로 한다. "말 잘 듣는

개구나."[92] 그녀가 능글거린다.

실제로, 이것이야말로 빨간 약 유혹 이론의 놀라운 핵심이다—구걸을 멈추지 말라. 마이크는 팬티 좀 벗겨보겠다고 온갖 시험을 감내하도록 강요받는 것이 "'불공정'해 보일 수 있다"고 인정한다. 하지만 그는 개의치 않는다. 마이크는 "술집에서 만난 어떤 금발 년이 괴롭히는 것도 처리 못하면 2미터짜리 남자가 부족을 이끌고 마을에 쳐들어와서 단체로 당신의 여자를 강간하기 위해 맨손으로 당신을 죽도록 때리는 건 대체 어떻게 처리할 작정이냐"고 묻는다.[93] 흥미롭게도 이 원시시대 은유의 주인공은 이 글이 독자에게 나누어주마고 약속하는 능력, 바로 여자랑 자는 능력을 지닌 정복자 자신이다. 여기에서만큼은 그는 그들과는 다르다—그는 그들이 마주하고 있는 여성에게 동물적인 괴롭힘 능력을 맡겨둔, 그들의 보이지 않는 경쟁자다. 마이크는 "당신이랑 자고 싶어지면 여성은 당신을 가혹하게 시험할 것"이라 경고한다. 그는 여기서 영화 〈파이트 클럽Fight Club〉을 떠올린다. 그럴 만하기 때문이다.

> 섹시한 여자를 침대로 끌어들이는 건 〈파이트 클럽〉의 신고식 장면이랑 비슷하다. 신병들은

문밖에 줄을 서 있다. 타일러는 인신공격으로 신병들을 갈군다. "너무 늙었어, 꺼져." "너무 뚱뚱해, 꺼져." 그는 그들을 종일 밖에 세워둔다. 들어올 가능성은 없다고 말한다. 대부분 포기한다. 하지만 남은 몇몇이 결국 안으로 초대받는다. 끝내주게 섹시한 여자를 유혹하는 것도 똑같다. 소모전이다.94

〈매트릭스〉와 마찬가지로 〈파이트 클럽〉 역시 남초에서 즐겨 인용된다. 이 영화는 대안우파적으로 해석하기 쉽다. 비리비리한 베타가 타일러 더든이라는 이름의 반항적인 알파를 만나고 둘이서 함께 남자만의 격투장을 만든다. 클럽이 테러를 하기 시작하면 베타는 타일러가 실은 자신이 무의미한 중산층의 일상을 벗어나기 위해 무의식적으로 만들어낸 스스로의 다른 자아임을 알게 된다. 마이크의 비유에서 타일러 더든의 역할이 섹시한 여자에게 주어지는 것은 그렇기에 더더욱 묘하다. 신고식을 여는 건 여자다. 훈련 교관처럼 신병들에게 소리를 지르고 대걸레로 그들을 구타한다. 그녀를 유혹하는 이는 타일러가 꼴도 보기 싫어하는—"넌 너무 늙었어, 뚱땡이. 젖통이 너무 커. 썩 꺼져."—볼품없는 입회 희망자 역할을 맡는다.95

남성은 남성이 아니다. 남성은 절대 남성이 아니다.

2018년, 〈파이트 클럽〉의 원작자 척 팔라닉Chuck Palahniuk은 영화가 극우 쪽에서 인기를 끈 것을 어떻게 생각하느냐는 《가디언Guardian》의 질문에 이 현상은 자신의 젠더 경험에 대해 "남성이 갖고 있는 은유의 선택지가 얼마나 빈곤한지를" 보여주는 것이라고 답했다. 대안우파가 어떻게 될 것 같냐는 질문에는 오래가기에는 너무 주변적이라 생각한다고 했다. "발레리 솔라나스의 남성거세결사단과 비교할 수 있겠죠." 그는 인터뷰어에게 이렇게 말했다. "극단적인 건 사라지게 마련이죠."[96]

봉기.

나는 남자들만의 파티를 위한 영화에 출연해. 하지만 프로로서의 원칙이 있지— 일류 감독하고만 일하거든.

BONGI.

I star in movies for stag parties. But I've got professional integrity— I only work for the top directors.

남초는 포르노 문제를 두고 깊이 분열되어 있다. 대안우파의 많은 이들은 포르노가—그리고 궤를 같이하는 자위 중독이—남성에게 정말이지 위험하다고 여긴다. 2018년에 어퍼사이드이스트 지구에서 반파시즘 시위대를 폭행한 일로 헤드라인을 장식한 극우 형제회fraternal group 자랑스런남자들Proud Boys의 준회원이 되려면 이른바 '금딸NoWanks' 서약을 하고 한 달간 자위와 포르노를 포기해야 한다. (원한다면 한 달을 채울 때마다 특별 딸딸이를 할 수 있다.) 우파 웹사이트 반역자The Rebel의 2015년 영상 하나를 보면, 자랑스런남자들 설립자 개빈 메키니스Gavin McInnes는 포르노가 젊은 남성에게 즉각적이지만 중독적인 초남성적 희열을 제공함으로써 그들이 데이트나 결혼, 재생산을 제대로 못하게 만든다고 설명한다. "당신이 지금 10점짜리들을 임신시키고 있다고 뇌를 속여버리면, 진짜 여자랑 있을 때는 뇌가 '지금 여자 하나 잡고 뭐 하는 거야? 얘는 심지어 10점짜리도 아니고 7점짜리잖아. 왜 이딴 데 시간을 낭비하는 거야?' 하게 된다"는 것이다.[98] 매키니스는 포르노 반대가 "안드레아 드워킨Andrea Dworkin스러운 일"같이 들릴 거라 인정하면서도 그럴 만한 가치가 있다고 확언한다. "저는 자전거를 타고 휘파람을 불거나 샤워를 하며 노래를 합니다." 카메라를 보며 힙스터 턱수염 사이로 이렇게 말한다. "훨씬 더 살아 있다는 느낌이에요."

포르노는 대상이 당신의 소유라고 생각하지만 실제로는 대상이 **당신을** 소유하고 있다는 것이 어떤 형국인지를 알려준다. 그런 점에서 여자라는 것의 정수精髓를 표현한다. 물론 포르노 중독을 불안해하는 것은 남초만의 일이라고는 할 수 없다. 디지털 기술, 특히 스마트폰이 전 국민의 심지 약한 손끝에 공짜에다 찾기도 쉬운 포르노 자료를 끝없이 갖다 주는 듯한 지금은 더더욱 그렇다. 인터넷의 법칙 제34번도 있지 않은가. 존재하는 모든 것에 관한 포르노가 있다. 디지털 놀이터를 어슬렁거리는 성적 퇴락에 대한 주기적인 도덕적 공포에 빠지도록 사회에 윤활제를 바르는 격이다. 고고바와 포르노 극장이라는 수십 년 묵은 타임스스퀘어의 암 덩어리를 월트디즈니사의 전체 관람가 메스로 드디어 도려냈지만 열두 살짜리라도 인터넷과 약간의 단서만 있으면 〈라이언 킹Lion King〉을 소재로 한 야한 만화를 볼 수 있는 시대다.

한편으로 페미니스트들은 1980년대에

포르노를 중심으로 벌어진 소위 성 전쟁sex wars 이래 몇십 년째 논쟁을 이어오고 있다. 캐서린 매키넌이나 안드레아 드워킨 같은 활동가들에게 포르노란 여성 비하를 노골적으로 묘사하는 탁월한 가부장제적 장치, 남녀 사이의 모든 섹스를 이해하는 열쇠였다. 때로 "친섹스 진영pro-sex"이라는 이름으로 불리는 다른 이들은 자신들의 페미니즘적 신념을—에로티시즘 일반과는 물론이고—진정으로 쾌락적인pleasurable 지배/복종의 경험과 화해시킬 길을 찾았다. 1982년에 버나드대학에서 열린 〈쾌락과 위험Pleasure and Danger〉이라는 유명한 학술대회에서 두 진영 간의 긴장은 극에 달했다. 학술대회가 열리기 한 주 전, 반포르노 페미니스트들은 버나드대학 당국에 전화를 걸어 이 대회가 반페미니즘적 의제를 갖고 있다고 경고했다. 대학에서는 이에 응해 조직위원회에서 정성을 담아 준비한, 상세하고 때로 노골적인 72쪽짜리 자료집 1500부를 압수했다. 대회 당일에는 참가자들이 여성 섹슈얼리티의 "쾌락과 위험"에 관한 논문 발표를 진행하던 중에 포르노에반대하는여성들Women Against Pornography이라는 래디컬 페미니스트 모임 회원들이 대회를 비난하고 가부장제와 공모한다며 여성들을 책망하는 유인물을 뿌렸다. 이 모든 소동의 중심에는 앰버 홀리바우Amber Hollibaugh가 버나드에서 제기한 질문이 있었다. "'페미니즘적' 섹스라는 것이 있는가? 있어야 하는가?"[99] 직설적으로 말하자면, 여성이 따먹히지 않고 섹스할 수 있는가?

아직까지도 발레리의 답만한 것은 나오지 않았다. 없지, 그런데 그게 뭐 어때서? 그녀는 《SCUM 선언문》에서 "섹스란 생각 없는 자들의 도피처"라고 말한다. 섹스를 반대하는 것이라기보다는, 너무나 하찮게 여기는 것이다. 발레리는 "섹스는 관계의 일부가 아니"라며 "반대로, 창조적이지 않은 고독한 경험, 완전히 시간 낭비"라고 쓴다.[100] 물론 그녀는 섹스를 했고—때로는 남성과, 때로는 여성과, 때로는 돈 때문에—곧 반포르노 페미니스트들이 구축하게 될 싸구려, 준종교적 도덕주의에 쓸 시간 따위는 없었다. 오히려 그녀는 이 모든 것에 있어 가속주의자였다. "SCUM이 돌아다닌다 (중략) 돌아다니고 또 돌아다닌다 (중략) 그들은 쇼를 전부—하나도 빠짐없이—보았다. 섹스fucking 장면, 다이크dyke 장면을 전부. 그들은 해안 곳곳을 다녔고 부두와 항만이라면 전부—남자가 많은 곳이든 여자가 많은 곳이든—가보았다. (중략)

섹스 반대에 이르기 위해서는 섹스를 정말 많이 해보아야 한다."[101] 티-그레이스 앳킨슨은 1968년에 발레리의 소지품 사이에서 잡지 《허슬러Hustler》에 기고하려고 쓴 에로티카 한 편을 발견했다. 그녀는 브리앤 파스에게 그것이 "전형적인 남자의 포르노, 정말로 그들의 입장에서 쓴 S&M"이었다며 이렇게 말했다. "돈 때문에 쓴 게 아닌가 해요, 돈이 필요하면 너무 멋대로 굴지는 못하잖아요."[102]

앨빈.

저한테만 낭만적이었나 보군요.[103]

ALVIN.

I guess it's just the romantic in me.

봉기는 잘 차려입은 남자 하나를 불러 세워 저녁을 뜯어먹으려 한다. (발레리는 늘 이런 짓을 했다.) 앨빈이라는 이 남자는 자기가 여자들에게 인기가 있다고 생각한다. 그는 "짜릿한 남성지—《낄낄Tee-Hee》, 《키득키득Giggle》, 《킥킥Titter》, 《뚝뚝Drool》, 《질질Slobber》—는" 물론이고 "빠뜨리는 것이 없도록 《작업Lech》도" 읽는다.[104] 집 한가운데에는 《플레이보이Playboy》에서 보고 산 커다란 회전 침대가 놓여 있다. 그는 "왜 저에게 말을 거셨죠?"라며 봉기를 떠본다. "특별한 느낌이 오지 않으셨나요." 봉기는 연습한 대로 입술을 쭈뼛거리다 "**느꼈어요! 어쩔 줄 모를** 정도로요!" 하고 외친다. "여자라면 누구라도 당신이 얼마나 뜨거운지 알 거예요."[105] 그녀는 그를 근처의 비싼 식당으로 이끈다. 결국 그에게 25달러를 받고 골목에서 짧은 수음을 해준다. 자기도 하게 해주지 않는 걸 아쉬워하며, 그는 떠나는 걸음을 재촉한다.

아역 배우로 출발한 조셉 고든-레빗Joseph Gordon-Levitt이 대본을 쓰고 연출한 〈돈 존Don Jon〉이라는 2013년작 로맨틱 코미디 영화가 있다. 고든-레빗은 뉴저지에 사는 노동계급 이탈리아계 미국인 가족 출신의 현대판 돈 주앙 존 마르텔로로 출연한다. 존은 친구들 사이에서 마음에 드는 여자는 누구든 침대에 눕힐 수 있는 것으로 명성이 자자하다. 그래서 "돈 존"이라는 별명으로 불린다. 하지만 존에게는 비밀이 있다. 그는 온라인 포르노 중독이다. 노트북을 켜면 나는 경쾌한 팡파르 소리, 포르노 영상의 평범해 보이는 삼각형 재생 버튼, 클로즈업 한 존의 얼굴, 절정에 이른 음악, 상자에서 휴지를 뽑더니 이내 구겨서는 파일 삭제음에 맞추어 휴지통에 던져 넣는 손. 영화는 그의 중독을 짤막하고 생생한 몇 개의 장면으로 묘사한다. 이렇게 계속되는 자위는 일요일마다 반복되는 존의 일과와 대비된다. 깔끔하게 침구를 정리하는 존, 다른 운전자들에게 욕설을 하는 존, 성당 계단을 뛰어오르는 존, 고해실 유리창 너머 존의 얼굴, 거들먹거리며 체육관 웨이트트레이닝룸으로 걸어가는 존, 성모송에 맞추어 역기를 드는 존, 축구 중계를 보며 소리를 질러대는 아버지와 함께 부모님 댁에서 딱 달라붙는 민소매 옷을 입고 저녁을 먹는 존. 메시지는 분명하다. 존은 틀에 박힌 삶을 살고 있다.

존의 중독 행동은 끝내 이제 막 시작되려던 바버라라는 아름다운 여성(당연히 스칼릿 조핸슨Scarlett Johansson이다)과의 관계를 망가뜨리고

만다. 그가 지금 일하고 있는 서비스직을 벗어나기 위해 야간 학교 수업을 듣기 시작하자, 바바라는 비로소 그와 섹스하기로 한 참이다. 포르노를 보려고 침대를 빠져나가다가 그녀에게 거의 들킬 뻔한 존은 어깨에 잔뜩 힘을 주고는 "포르노는 좆나 머저리들이나 보는" 거라고 말한다. 물론 자기 이야기다. 여성과의 섹스에서 주도적이라는 것은 그가 "전부 다 해야" 한다는 뜻이지만, 포르노는 그의 모든 욕망을 대신 채워준다. 화면 밖에서 그의 목소리가 들려온다. "아무 말도 안 해도 돼, 아무것도 안 해도 되지. 좆나 그냥 나를 **놓아버리는**lose 거야."[106] 존의 눈이 카메라에 잡혔다가 초점이 옮아간다. 살짝 벌린 입, 모니터의 어슴푸레한 가책적인 빛을 받으며 슬며시 움찔거리는 살갗. 모든 남성이 그러하듯, 존이 포르노를 보는 것은 힘을 갖기 위해서가 아니라 버리기 위해서다.

요컨대 포르노는 그를 여자로 만든다feminizes. 이 영화의 숨겨진 포르노 이론—반포르노 포스트페미니즘이라고 부르기로 하자—이 성 전쟁 시대의 선배들과 만나고 또 갈라지는 지점이 바로 여기다. 〈돈 존〉은 기본적으로 포르노는 지배와 복종의 성애화로 구조 지어져 있다는 매키넌의

가르침과 뜻을 함께한다. 하지만 이 영화는 그 역할을 명령하는 남성과 화면 속에서 비하되는 여성 사이에서 행해지는 섹스가 아니라 중독적인 포르노 이미지와 그것이 지배하는, 본질적으로 여자인 관람자 사이에서 전개되는 섹스에 위치시킨다. 존의 웹사이트 방문 기록이 포르노 사이트로 가득하다는 것을 알게 된 바버라는 존이 여자 친구인 자기보다 "저거"—그의 모니터—랑 섹스를 더 많이 한다고 비난한다.[107] 그녀가 떠나자 그의 상태는 심각해진다. 며칠 동안 집 밖에 나가지를 않는다.

운 좋게도 야간 학교에서 만난 에스더라는 연상의 여성(당연히 줄리언 무어Julianne Moore)과 맺는 감정적으로 충만한 관계가 그를 구한다. 에스더의 소파에서 천천히 부드럽게 사랑을 나눈 후 존은 철이 든다. 아무하고나 자지 않고, 길이 막혀도 콧노래를 부르고, 일상에 변주를 주고, 아버지의 횡포에 맞서고, 다시는 포르노를 보지 않는다. 〈돈 존〉의 결말부에서는 존과 에스더가 서로의 눈을 바라보는 가운데 그들의 새로운 "양방향" 사랑을 설명하는 존의 목소리가 흘러나온다. 그는 이렇게 고백한다. "그녀와 함께 있으면 나를 놓을 수 있어. 그녀도 그렇다는 게 느껴져. 함께 있으면 우린 그저

다 잊어버려."[108] 영화는 두 사람이 존의 침대에서 반짝이는 햇살을 받으며 사랑을 나누는 장면으로 끝난다. 카메라는 점점 빨리 둘을 번갈아 비추고, 이들은 서로의 눈을 뚫어져라 바라본다. 둘 중 누구도 여자가 아니라고, 우리더러 믿으라는 듯이.

봉기.

딱 떨어지는 변태.[109]

BONGI.

Downright perverse.

적어도 트랜지션을 하기 직전 한 해 동안, 거의 매일 밤 나는 여자친구가 잠들기를 기다렸다가 휴대전화를 들고 침대를 빠져나와 화장실로 가곤 했다. 텀블러에서 소위 계집애 같은 남자가 나오는 포르노sissy porn[씨시 포르노]*라는 걸 보기 위해서였다. 어느 날 밤 느릿느릿 포르노의 구렁텅이를 스크롤하다 우연히 발견했다. 처음엔 JOI—"싸는 법 길잡이jerk-off instruction"의 줄임말이다—영상에 빠졌다. 일반적으로 여자 배우가 혼자 나와서 남자로 상정된 시청자들에게 자위하는 법을 세세하게 알려준다. JOI는 포르노치고도 굉장히 자기지시적이라, 출연자가 시청자를 향해 자기 같은 진짜 여자랑 섹스를 하진 않고 자위를 하며 시간 낭비나 한다고 노골적으로 창피를 주는 경우가 많다. 그렇기에 단골 소재는 모멸감이다. 오르가슴은 종종 망쳐지거나 철저히 유예된다. 시청자의 음경이 작다며 진저리를 치거나 비웃는 장면이 자주 연출된다.

하지만 이런 영상은 계집애 포르노에 비하면 싱겁다. 레딧에는 씨시 포르노가 인생을 돌이킬 수 없게 바꾸어버렸다는 고민을 적은 게시물이 한가득이다.

*
sissy는 겁이 많거나 유약한 남성을 여성에 비추어 비하하는 말로, 종종 동성애혐오적인 뉘앙스 역시 갖는다.

2014년에는 한 사용자가 "씨시 포르노 때문에 트랜스가 된 걸까, 원래부터 그랬던 걸까?" 하는 고민거리를 올렸다.

> 3년쯤 전에 씨시 최면 영상이란 걸 알게 됐어. 간단히 말하면 여자 팬티를 입으라고, 여자애처럼 굴라고, 좆을 빨라고, 심지어 호르몬을 맞으라며 깜빡거리는 이미지를 띄우는 영상이야. 난 여기 완전 중독됐어. 이렇게 흥분되는 건 처음이었거든. 여성용 팬티를 입고 내가 여자라고 상상하며 자위까지 하는 지경이 됐지.[110]

현재는 게이 남성으로 살고 있는 이 작성자는 자신이 벽장 속 트랜스젠더 여성이라고 "95퍼센트 확신"한다. 그녀는 어린 시절 여자 친구들과 놀기를 좋아했고 2차 성징이 나타난 후 극도의 사회적 불안을 겪었으며 남성과 섹스를 할 때는 (상대가 아무리 남자다워도) 흥분되지가 않았고 계속 남성으로 산다고 생각하면 이따금 죽고 싶을 만큼 우울하다고 한다. 하지만 제목에 표현된 두려움—즉, 씨시 포르노에 대한 집착 때문에 여성이 되고 싶어진 것은 아닐까 하는—이 글 전체에 그림자를 드리운다. 이와 비슷한 게시물들은 수치심, 불안감, 혼란감, 공포심을 내비친다. 진짜 트랜스 여성들은 이런 것에 빠져들지 않을까 봐 두려워한다. 한 이용자는 스스로가 남자라고 느낀 적이 한 번도 없고 발기를 혐오하는데도, 상담사에게 씨시 성애물에 중독되었다는 이야기를 하자 그건 그냥 변태적인 취향일 뿐이라고 말했다고 썼다. "진짜 MTF는 그런 거 안 봐요, 절대."[111]

사실, 성전환transsexulaity은 오랜 시간 동안 이상성욕으로 여겨졌다. 성과학자 레이 블랜처드Ray Blanchard는 성전환 여성을 뚜렷이 구분되는 두 가지 성애erotic 유형으로 나누는 분류법을 지지해왔다. 트랜스와 그 옹호자들은 대개 이런 유형학을 거부한다. 블랜처드—SCUM 암살 대상 명단 "정신과 의사 및 임상 심리학자"[112] 부문에 이름을 올려도 부족하지 않을 참으로 역겨운 자—가 트랜스 여성을 남자로 여기기 때문에 특히 그렇다. 그는 1989년에 낸 논문에서 "성별 위화감이 있는 남자 중 성적 지향이 남성을 향하지 않는 경우는 전부 성적 지향이 자신이 여성이라는 생각이나 이미지를 향한다"고 말한 바 있다.[113] 그는 후자의 성향을 그리스어식 조어로 **자기여성애**autogynephilia라고 칭한다. 블랜처드는 이 개념을 통해 성 연구자들의 관심을 복장전환자transvestite의 페티시 대상—예컨대 "크로스드레싱에 쓰이는 의류의 물리적 속성(부드러운 질감, 강렬한 색상)"114—에서 자신이 여자라는 생각에 대한 더 근본적인 성애적 몰두로 옮기고 싶었던 듯하다.

성과학계에서는 논란거리였지만, 블랜처드의 작업은 2003년 《여왕이 될 남자The Man Who Would Be Queen》라는 책을 통해 대중에게 알려졌다. 이 선정적이고 짧은 책은 대중적이지 않은 진실을 다루는 대중적인 책을 자처한다. 저자인 심리학자 J. 마이클 베일리Michael Bailey는 자기여성애 이론에 크게 기대는데, 이것을 확립된 과학적 사실로 제시한다. 그리하여 이 이론은 트랜스 여성을 남자 성도착자로 묘사하려는 트랜스혐오 페미니스트의 시금석이 되었다. 유명한 트랜스혐오자 실라 제프리스Sheila Jeffreys는 블랜처드의 작업을 적당히 인용한 어느 책에서 "트랜스젠더라는 용어는 (중략) 이전에는 '이상성욕'으로—성적 페티시즘의 하나로—이해되었던 일에 사람들이 받아들일 수 있을 만한 가면을 만들어주기 위해 고안되었다"고 쓴다.[115] 또한 제프리스는 씨시 포르노에 대해 길게 논하기도 한다. 역겨움을 표하며 "'계집애 같은 남자sissy'라는 말은, 아주 분명히 여성의 종속적 지위에 기반한 남용abuse이라는 점에서, 우리에게 많은 것을 알려준다"고 주장한다. "여기에는 여성과 긍정적으로 연관되는 면은 없고, 오직 비하적이고 모욕적일 뿐"이라는 것이다.[116]

블랜처드가 **자기여성애**라는 개념으로 말하고 싶었던 것은 물론, 《SCUM 선언문》이 20년 앞서 모든 남성이 공유하는 심리적 질환으로 이미 말한 바 있는, 바로 그것이다. 실제로, 모두가 여자라면—당신이 그렇다고 믿기 시작했기를 바란다—자기여성애는 모호한 이상성욕적 고통이 아니라 **모든 인간 섹슈얼리티의 기본 구조**를 설명하는 개념이 된다. 누구나 여자로서의 자신에 대한 성애적 이미지를 갖고 있기 때문이 아니라—갖고 있다—모든 성애적 이미지의 동화同化는 본성상 여자의 일이기 때문이다. 여자라는 것은, 어김없이, 다른 누군가가 원하는 대로 된다는 것이다. 저 깊은 곳에서는, 누구나 계집애 같다.

아서.

셱스가 감돌아. 셱스는
너를 자빠뜨려.
잡아채서는 쪽 빨아먹지.[117]

ARTHUR.

Fuck is in the air;
it's overpowering;
it carries you away with
it, sucks you right up.

씨시 포르노를 본 적이 있다면 알 것이다. 사람들을 여자로 만든다는 것은 바로 씨시 포르노 스스로가 하는 말이다. 강제 여성화 혹은 "강제 펨fem"이라고도 불리는 씨시 포르노는 주로 2013년쯤에 마이크로블로그 플랫폼 텀블러에서 유통되기 시작한 것으로 보인다. 이 장르는 전통적인 제작사가 아니라 이용자가 직접 만든다는 특징이 있다. 씨시 포르노 창작자들은 주류 이성애 포르노나 "쉬메일shemale" 포르노에서 영상, 사진, 애니메이션 GIF 등을 가져다가—오늘날 포르노 산업은 지적 재산권을 지키기 어렵기로 악명이 자자하다— 원래의 의미를 바꾸는 자막을 달아 가공한다. 2018년 말경 텀블러가 노골적인 성적 콘텐츠를 금지하기로 하자 씨시 포르노 창작자들은 다른 성노동자들과 마찬가지로 트위터, 인스타그램 등 다른 플랫폼으로 피신해야 했다.

씨시 포르노의 핵심은 등장하는 여성(시스cis도 있고 트랜스도 있으며 다 그런 건 아니지만 대개 백인이다)이 실은 원래 남성이었으며 화장을 하고 란제리를 입고 성적인 복종 행위를 하도록 강요받음으로써 여성화되었다는 설정이다. 이는 2인칭 화법이라는 독특한 형식을 통해 표현되는데,

대부분의 자막이 이렇게 쓰인다. 씨시 포르노는 시청자에게 직접 말을 걸며 그들에게 그들 자신의 욕망을 알려준다고 자처한다. 예를 들면 "너는 엉덩이에 박히고 싶다"거나 "너는 좆을 빨고 싶다" 같은 식이다. (씨시 포르노는 종종 **좆**을 **물**이나 **설탕**과 같이 불가산 명사로 쓴다. 아마도 언제든 여러 개의 좆이 있을 수 있기 때문일 것이다.) 자막은 나아가 시청자로 하여금 씨시 포르노를 보는 행위 자체가 성적으로 굴욕적인 일임을 생각하게 만들고, 마음에 들든 그렇지 않든 어쩔 도리 없이 여자가 되어버릴 것이라는 암시를 준다. 이런 점에서 씨시 포르노는 일종의 메타 포르노, 즉 포르노를 보면 생기는 일에 관한 포르노다. 달리 말하자면, 씨시 포르노는 모든 포르노(가장 평범한 것까지 포함해)의 암묵적인 여성화 효과를 명시적인 수준으로—대개 볼 만한 결과물과 함께—끌어올린다.

씨시 포르노의 중심에는 똥구멍이, 언제라도 여자성femaleness에 다가갈 수 있는 통로인 일종의 보편적인 질이 있다. AIDS 위기를 지나며 게이 남성 비평가 리오 버사니Leo Bersani가 남긴 유명한 말이 있다. 그는 항문 섹스에 대한 대중의 공포가 "두 다리를 허공에 띄운 채, 여성이 되는 자살적인 황홀경을 거부하지 못하는 성인 남성이라는 참을 수 없는 이미지"에 대한 혐오에 찬 질투심을 폭로한다고 썼다.[118] 씨시 포르노는 이를 문자 그대로 행한다. 박히는 것은 여자의 일이므로, 박히는 건 당신을 여자로 만든다. 동시에, 씨시 포르노는 누가 박는지에는 전혀 관심이 없다. 남성은 언제나 파편으로 등장한다—손, 엉덩이, 왔다 갔다 하는 다리들. 탑top은 소품이다. 순전히 구조상의 기능을 할 뿐이다. 발레리는 《SCUM 선언문》에 "남성을 짐승이라고 부르는 것은 칭찬이다"라고 쓴다. "그는 기계, 걸어 다니는 딜도다. 흔히들 남성이 여성을 이용한다고 말하지만, 어디에 쓴단 말인가? 쾌락을 위해 쓰는 건 분명 아니다."[119]

씨시 포르노는 페티시적 사물—화장, 란제리, 가슴, 하이힐, 분홍색—을 자주 활용하지만 고전적인 프로이트적 페티시와는 다르다. 이 사물들은 거세를 막아주는 것이 아니라 거세를 **약속한다**. 프로이트에게 페티시란 "부재하는 여성 팔루스pahllus"의 대체물이다.[120] 어머니에게 음경이 없다는 걸 알게 되어 자신에게도 같은 일이 벌어질까 봐 겁에 질려 충격에 빠진 어린 소년은 그 음경을 대신할 수 있는 어떤 사물—예를 들면 하이힐

구두나 벨벳의 촉감 같은—에서 위안을 찾는다. 그런 의미에서 페티시란 "거세 공포에 대한 승리의 징표이자 방어구"다.[121] 하지만 프로이트 역시도 페티시가 거세를 부인한다는 것은 사실 거세를 암묵적으로 인정하는 것이라는 점을 알고 있었다. 씨시 포르노는 이러한 약점을 이용한다. 페티시를 음경이 안전하리라는 약속이 아니라 음경이 영원히 사라질 것이라는 확언으로 바꾸어버린다. 씨시가 트랜스 여성인 경우에는 그녀 자신의 페티시화된 음경까지도 거세의 상징이 되어버린다는 뜻이다. 그녀의 음경이 축 늘어져 있으면 작다고 조롱받고 [클리토리스의 속칭인] "클리티clitty"로 불린다. 단단해진다면 그건 그저 그녀가 모멸을 즐기고 있다는 증거일 뿐이다.

사실, 씨시가 된다는 것은 언제나 정신줄을 놓아버린다는 것이다. 이를 가리키는 용어가 **골빈년만들기**bimboification다.* 자막은 종종 시청자에게 스스로를 최면, 세뇌, 정신 붕괴, 둔화 등 지성을

*

여기서 골빈년으로 옮긴 빔보(bimbo)는 원래는 남자 아기를 뜻하는 이탈리아어로 미국에서는 '멍청한 놈'이라는 뜻의 속어로 사용되어 왔다. '골빈년'과 달리 어휘 자체는 여성을 가리키지 않으나, 최근에는 여성비하적 용어로 흔히 사용된다.

마비시키는 기법에 맡기라고 말한다. 한 이용자는 "나는 왜 골빈년 되는 게 좋지?" 하고 물으며 이렇게 말한다. "늘 머릿속이 가득 차 있기 때문이야. 주인님이 정말로 나를 사랑하실까 항상 걱정이지. 내가 충분한가? 잘 선택하고 있는 걸까? 사람들이 나를 진짜 좋아할까? 이런 정치적 분위기에서 이 나라에 살 수 있을까? 가볼까 생각이나 해볼 만한 데가 있긴 한가?" GIF 이미지에서 가장 흔히 반복 재생되는 동작은 거의 언제나 의지가 사라진 상태를 표현한다. 기운 빠진 얼굴, 떨리는 다리, 까뒤집어진 눈. GIF라는 형식 자체까지도 이 점을 나타낸다. 여자성의 적나라한 정수—벌어진 입, 활짝 열린 항문, 텅 빈 초점 없는 눈—를 추출하는 일종의 원심분리기다.

나를 트랜스로 만든 것은 씨시 포르노다. 백번 양보해도, 씨시 포르노는 여자가 되고픈 나의 욕망에 대한 훌륭한 알레고리다—또한 점차, 모든 욕망 자체가 그렇다고 생각하게 되었다. 페미니스트들은 너무나 자주 무력함을 어떤 외적인 힘에 욕망이 억압된 것으로 상상한다. 그들은 욕망이란 대개 외적인 힘이라는 사실을 잊어버렸다. 대부분의 욕망은 동의되지 않은 것이다. 대부분의 욕망은 욕망되지 않은 것이다. 여성이 되고 싶다는 마음은 불길처럼, 전염병처럼 나를 덮쳐왔다—혹은 적어도 당신이 성별 위화감을 샌드위치 만들 듯 불감증과 방화증放火症 사이에 끼워둔 《정신질환 진단 및 통계 편람Diagnostic and Statistical Manual of Mental Disorders》을 믿는다면 정신병이라고 해도 좋겠다. 그 함의는 분명하다. 정신이 온전한 사람이라면 절대 여자가 되고 싶어 하지 않는다.

명심하라, 남 이야기가 아니다.

봉기.

남자들은 서로 엉덩이에
쓔셔 넣게 하고 여자들은
혼자 있게 둬.

BONGI.

Let the guys ram each
other in the ass and
leave the women alone.

거리에서 여자들에게 집적대던catcall 봉기는 두 명의 픽업 아티스트를 맞닥뜨린다. 지문에 따르면 "하나는 백인이고 하나는 스페이드인 놈팡이cat 둘"이다.[123] 여기서 **스페이드**spade는 "흑인black"이라는 뜻으로, 할렘 르네상스 시대로 거슬러 올라가는 속어다. 발레리 같은 백인 여자가 쓰면 비하하는 걸로 들린다. 이들은 봉기에게 수작을 걸다가 퇴짜를 맞자 봉기가 귀찮게 굴고 있던 여자들에게로 관심을 돌린다. 백인인 쪽은 지나가는 화려한 여자를 향해 정중하고 소득 없이 작업을 건다. 그녀는 "꺼져, 꼬맹아" 하고 쏘아붙인다. 그의 친구는 더 잘할 자신이 있다. 거만한 투로 이렇게 말한다. "비켜봐, 남자가 나설 차례야."

> 스페이드 놈팡이: 안녕하세요, 여신님. 그저 과장하는 걸로 들릴 것 같아 송구하지만, 저에겐 정말로 여신이십니다.
>
> 여자chick: 그럴 만도 하죠, 내면의 저를 보신 거예요. 저기 저 보이스카우트는 당신 친구인가요?

스페이드 놈팡이: 그냥 지인이죠, 뭘. 하지만 당신에게 맞는 남자는 아니란 걸 알 만큼은 아는 사이랍니다. 피부색만큼이나 기술도 밍밍한 놈이죠.

여자: 그럼 당신은 당신 피부색만큼이나 강렬하겠네요?

스페이드 놈팡이: 사람 볼 줄 아시는군요.[124]

이 우화는 너무나 분명해서 여자도 독자와 다를 바 없이 금세 읽어낸다. 그녀 역시, 뭐랄까, 한통속이다. 그녀와 스페이드 놈팡이는 서로를 알아가는 시간을 갖기 위해 그의 집으로 가고, 백인 놈팡이는 기가 죽어 퇴장하며 낙담에 차 구시렁댄다. "나도 흔들 줄 아는데 말이지. 잘빠진 여자들은 다 퀴어거나 스페이드랑 붙어먹으니 원." 불만에 찬 그는 이렇게 덧붙인다. "요샌 백인 남자한텐 기회가 안 온다니까."[125] 실력 좋은 연출가라면 이 장면을 여자를 빼앗기고 있다는 우파의 망상에 대한 훌륭한 풍자로 만들 수 있을 것이다. 한쪽은 흑인 남성, 한쪽은 레즈비언에게 앞뒤로 유린당하며 힘을 잃은 백인 남성은 체념에 빠져 욕구불만의 생활을 받아들인다. 인셀의 탄생이다.

2017년 12월 8일, 일군의 네오나치, KKK, 대안우파가 모여 버지니아주 샤를로트빌에서 폭력 시위를 벌였고, 반파시스트 운동가 헤더 헤이어Heather Heyer가 살해당했다. 사흘 후, 씨시 민디Sissy Mindy라는—시사적인 내용을 자주 게시하는—왕성한 씨시 포르노 제작자가 텀블러에 백인 여성이 흑인 남성에게 구강 성교를 하는 이미지를 올렸다. 옆얼굴로 등장하는 그녀는 사이즈에 놀랐다는 듯 눈을 크게 뜨고 있다. 위아래에는 "불관용과 인종 차별에 맞서 싸우자", "크고 검은 좆big black cock을 빨자"는 자막이 달려 있다. 물론 크고 위협적이며 무시무시하게 강력한 흑인 남성의 음경이라는 수사는 오래된 것으로, 린치나 백인 우월주의 테러에 빤하게 따라오는 핑계다. BBC라는 약칭으로 포르노의 스펙트럼 어디에서나—매력적인 백인 여성이 흑인 남성과의 섹스로 처녀성을 잃는 눈부신 인기 시리즈 〈흑인당하다Blacked〉에서부터 씨시 포르노의 가까운 친척뻘이라고 할 수 있을, 흑인 남성이 흥분한 여성에게 박는 모습을 그녀의 백인 남자친구나 남편이 지켜보거나 때로는 함께하도록 강요받는 오쟁이물cuckolding porn까지—찾을 수 있는 것이기도 하다.

이런 페티시에 대한 고전적인 설명은 흑인혐오negrophobia는 살인에 이를 정도의 어떤 질투심이라는 혁명가 프란츠 파농Franz Fanon의 이론이다. 이에 따르면 백인 남성은 흑인 남성에게 자신은 갖지 못한 "무한한 정력"을 투사한다.[126] 불안에서 비롯된 이 투사는 분풀이로 이어지는데, 그 원형이 바로 린치라는 형태다. 하지만 씨시 포르노가 이러한 수사를 활용한다는 점은 흑인혐오자는 억압된 동성애자일지도 모른다는 파농의 말이 반만 옳았음을 시사한다. 백인 우월주의의 역설은 당연하게도 그것이 실은 열등감 콤플렉스라는 사실이다. 흑인 남성의 음경이 자기보다 작다는—결국은 망상이겠지만—공상을 하고 넘길 수도 있었을 백인 남성은 끝내 스스로를 성적인 실패자로 상상하고 흑인 남성의 무한한 정력 앞에서 발기가 죽어버리는 길을 택한다.

바꾸어 말하자면, 진정한 공포는 흑인 남성이 백인 인종차별주의자가 남자가 되지 못하게 만들리라는 것이 아니다. 흑인 남성은 백인 남성으로 하여금 그가 애초부터 남자가 되고 싶었던 적이 없었다는 사실을 상기하게 만든다는 사실이야말로 진정한 공포며, 이것은 씨시 민디의 게시물에서 매혹적인 약속으로 변모한다. 씨시 민디는 "BBC 노예", "흑인 우월주의", "백인 학살" 등의 해시태그를 달아 이 불안을 표면화한다. 이 중 마지막은 정부가 백인 말살 계획(이민, 저출산, 임신중지 등)을 진행하고 있다는 수십 년 묵은 음모론인데, 최근 대안우파가 소셜미디어에서 떠드는 이야깃거리로 부활했다. 이런 식으로, 씨시 포르노의 가장 진실한 버전—대안우파의 억압된 성적 환상을 풍자적으로 표현하는—이 드러난다. 여자가 된다는 것은 어느 정도 죽는 것과 비슷하다는 점뿐만 아니라, 당돌하게도, 백인 씨시 만들기sissyfication가 노예제가 초래한 파국에 대한 일종의 성애적 보상이 될 수 있음을 암시하는 듯하다.

당신이 웃거나 말거나, 당연히 농담이다. 빨아준다고 무언가 바뀔 거라고 기대하는 사람이 있을 리가. 어떤 의미에서는 그것이 핵심이다. 여자와 정치는 결코 섞이지 않는다. 주체성agency에 관한 수십 년에 걸친 페미니즘 논쟁으로 한 가지는 확실해졌다—여성은 정치적 행동을 할 수 있을지 몰라도, 여자는 절대로 할 수 없다. **강제 여성화**forced feminization라는 말은 결국은 동어반복이다. 여자the female는 언제나 강제력의 산물이며 강제력은 필연적으로 대상을 여자로 만든다. 거주자를 강제로 남성화하도록 고안된 환경들—대학의 남학생 클럽과 미국 군대가 떠오른다—이 하나같이 그 핵심 모순(남자이도록 **강제된** 이가 남자**일** 수는 없다는)을 드러내고 마는 것은 그래서다. (남성이 남성과 여성 모두에게 행하는) 강간과 성폭력을 통해서만이 아니라 남성을 여자로 만드는 섹스 행위가 강제되는 온갖 신고식으로써 말이다.[127] 트랜스 여성은 여성을 사칭하는 남자임을 밝히려 하는 일군의 페미니스트가 거의 예외 없이 성노동자를 인신매매 피해 여성으로 그리곤 하는 것 역시 같은 이유에서다—여기고 저기고 할 것 없이 여자만 너무 많고 여성은 부족하다. 성노동자들이 정말로 여성이었다면 그들은 자신을 여성으로 만드는 성적 대상화로부터 스스로를 구해냈을 것이다. 트랜스 여성이 여성이었다면 여성이 되지 않을 분별력이 있었을 것이다.

진저.

네 영혼이 틈 속에서
부드럽게 흔들리게 둬.

GINGER.

Let your soul sway
gently in the void.

학기 말이 되어 드디어 피아노 프로젝트를 공개하면서, 작품과 함께 작성한 선언문을 발표했다. 이삼일 정도 밤을 새워 금세 썼다. 선언문은 아직도 컴퓨터에 있다. 전 애인에게 받은 편지마냥, 자질구레한 것들을 모아둔 폴더에 부끄러움과 함께 묻어두었다. 제목은 〈아포칼립스 선언문: 방사능 예술을 향하여 Apocalypse Manifesto: Towards a Radioactive Art〉다. 의도적으로 산만하게 만들었다. 어울리지 않는 글씨체를 섞었고 글은 위아래를 뒤집어 적었으며 흑백 이미지들을 콜라주했다. 예술적 실천에 관한 거창한 성명서에는 이상한 성적 분출이 끼어들게 마련이다. (나는 뜬금없이 플럭서스 작가 딕 히긴스Dick Higgins를 끌어다가 "오 하늘에 계신 좆dick이여, 해줘, 자기야"라고 썼다.) 앤디 워홀, 그의 작업이 적어도 두 번 등장한다. 첫 번째는 옆으로 눕혀 본문 아래에 깐 마릴린 먼로 실크 스크린이다. 위에는 대중문화 MASS CULTURE라고 적어 넣었다(나도 안다). 또 하나는 《더 벨벳 언더그라운드 & 니코 The Velvet Underground & Nico》의 앨범 표지. 여러 개를 붙여 넣어 바나나들이 조잡하게 겹치도록 했다—기발한 좆 농담, 이라고 생각했던 모양이다. 앨런 캐프로 Allan Kaprow의 1986년 글 〈미술일 수 없는 미술 Art Which Can't Be Art〉에 사로잡혀 있었던 터라 이를 선언문에 길게 인용했다.

이를 닦는 데에, 팔꿈치의 움직임을 보는 데에 주의를 기울이기로 했다. 미술 관객이 없는 욕실에서 나는 혼자였다. 회랑도, 비판할 평론가도, 관심을 가질 세간도 없다. 일상생활의 퍼포먼스를 오직 미술의 기억에만 남겨두고 다 없애버리는 결정적인 전환이었다. 물론 스스로에게 "나는 지금 예술을 하고 있어!" 하고 말할 수는 있었다. 하지만 실제로는 그에 관해 그다지 많이 생각하지 않았다.129

이런 유의 감상感傷이 나를 위안했다. 당시에는 제도권에 날을 세우고 있었다. 주석에서는 "모든 미술관은 역사 박물관일 뿐"이라고 비꼬았다. 마지막 장에서는 모든 선언문은 곧 아포칼립스라고, 두 단어 모두 계시revelation라는 뜻이라고 지적했다.* 진정한 예술이란 삶 자체와 다를 바 없는 것이 되어야 한다고 생각했다. 진정한 예술이란 아무것도 아닐 것이라고.

이 책을 쓰던 중에 중서부에서 열리는

*

선언문(manifesto), 아포칼립스(apocalypse), 계시(revelation), 세 단어 모두 어원상 숨겨져 있거나 알려져 있지 않은 것을 드러낸다는 의미를 갖고 있다. 특히 뒤의 둘은 성경의 요한계시록을 가리키는 말로서, 아포칼립스의 대재앙이란 이 세계의 파멸과 함께 신의 진리가 계시되는 사건이다.

어느 영화제에 강연자로 초청받았다. 정확히 말하자면 "강연talk"은 아니다. 내게 연락한 영화제 프로그래머는 관객들을 어렵거나 낯선 생각과 씨름하게 만들기 위한 도발 행위, 짤막하고 자극적인 퍼포먼스라고 말했다. 아이디어를 짜내다가 〈커트 피스Cut Piece〉와 비슷한 것을 구상하기 시작했다. 1965년에 오노 요코Yoko Ono가 이 퍼포먼스를 한 카네기홀은 발레리가 묵었던 첼시의 호텔과 그리 멀지 않다. 당시 발레리는 그곳에서 〈니 똥구멍이다〉를 마무리하고 있었다. 〈커트 피스〉 영상은 유튜브에서 볼 수 있다. 이 퍼포먼스에서 오노는 검은색 긴소매 블라우스와 검은색 치마를 입고 무대에 무릎을 꿇고 있다. 단정하게 쪽진 짧은 머리에 무표정한 얼굴이다. 바로 옆 바닥에는 기다란 은색 가위가 놓여 있다. 관객들이 이야기를 나누거나 키득거리며 돌아다니는 소리가 들린다. 한 사람씩 차례로, 남녀 관객들이 다가와 옆에 놓인 기다란 은색 가위로 그녀의 옷을 자른다. 어떤 이들은 조심스럽고 어떤 이들은 거칠고 또 어떤 이들은 재미있어한다. 7분쯤이 지나면 블라우스는 사라지고, 헐렁한 흰옷 차림의 젊은 남성이 즐거이 자처해 그녀의 캐미솔과 브래지어를 잘라낸다. 그가 브래지어 끈을 자르자 그녀는 손으로 브래지어 컵을 잡는다. 이때 오노는 돌연 표정을 바꾸어 그를 향해 눈을 굴린다. 관객은 웃음을 터뜨린다. 웃기니까, 그리고 무서우니까. 〈커트 피스〉에서 벌어지는 일을 설명하는 데 쓰기엔 "죽음 충동drive"이라는 말은 너무 세다. 무기력하고 목적 없는, 죽음 표류drift라는 말이 어울린다. 어쨌거나 요코는 아무것도 하지 않는다. 그것이 핵심이다. 그녀는 당할 뿐이다. 그녀는 동의했다기보다는 동의를 포기한 것에 가깝다.

영화제에서는 퍼포먼스를 여섯 번 했다. 모두 죽음을 앞둔 어느 마술사에 관한 다큐멘터리를 상영하기 전 시간이었다. 퍼포먼스는 작은 리모컨을 하나 갖고 있는데 이걸 대신 들어줄 사람이 필요하다는 말로 시작했다. 리모컨에는 화살표가 그려진 버튼이 하나 있었고, 자원자에게 남은 시간 동안 누르고 싶은 만큼 누르라고 했다. (자원자는 여섯 번 중 다섯 번이 여성이었다.) 나는 주로 젠더와 섹슈얼리티에 관한 글을 쓰는 작가고 얼마 전에 새 질을 샀다고—낡은 거시기를 새 거시기로 바꾸는 성형수술을 했다는 뜻이었다—소개했다. 시선을 천장에 두고 이렇게 말했다. "이런 생각을 해봤어요. 보지에 바이브레이터를 넣고 무대에 올라가면 어떨까? 관객 자원자를 받아서 바이브레이터 리모컨을 주면 어떨까? 관객 앞에서 자원자에게 퍼포먼스 시간 동안 마음 가는 대로 몇 번이든 버튼을 눌러도 된다고 말하면, 모두가 그걸 볼 수 있게 하면 어떨까?"

이 시점에 관객은 웃음을 터뜨렸다—바라건대, 유머로 여긴 만큼이나 의심과 불쾌감에서 비롯된 웃음이었다. 〈커트 피스〉라는 작품과 내가 그것을 좋아하는 이유를 이야기했다. 친구의 친구가 말해준 대로 나의 잠정적 퍼포먼스는 〈컨트 [보지] 피스Cunt Piece〉라고 부를 수도 있겠다고 이야기했다. 객석을 향해 이것은 나와 다른 한 사람 사이의 사적인 공연이 될 것이라고 말했다. "나머지 여러분은 사실은 이 퍼포먼스를 보는 게 아니라 보는 데 **실패하는** 스스로를 보게 될 것"이라고 했다. "어쩌면 여러분은 바이브레이터 소리가 들리는지 귀를 기울일 테고, 어쩌면 바이브레이터가 켜진 티가 나는지 제 표정을 살피겠죠. 하지만 끝내 자원자를 보거나 그녀가 정말로 버튼을 누르는지를 알아내지는 못할 거예요. 그건 할 수 있다 하더라도 리모컨이 정말로 작동하는 건지는 알 수 없겠죠. 제가 정말로 바이브레이터를 넣고 올라왔는지, 저에게 보지가 있기는 한지, 아니면 전부 그냥 구라인지를 확인할 방법이 없으니까요."

바로 그랬다. 대부분 나는 진실을 말했다. 실제로 최근에 질 성형을 받았다. 실제로 몸에 바이브레이터를 지니고 있었다. 하지만 삽입형이 아니라 자그마한 클리토리스 바이브레이터였고 크기나 세기 모두 정말로 흥분될 정도는 아니었다. 실은 그렇기를 바랐다. 그러면 그저 위험이라는 환상을 만드는 것이 아니라 내게 보다 큰 위험을 가할 것이었다. 하지만 실제로 자원자가 리모컨 버튼을 누를 때마다 바이브레이터가 느껴졌다. 대부분은, 심지어는 그 행위가 나와 멀리 떨어진 채 섹스를 하는 것임을 알고 나서도, 버튼을 눌렀다. 심지어 몇몇은 그러한 가능성을 알고는 더 대담해져서 몇 번이고 버튼을 누르는 걸 즐기는 것 같았다.

발레리는 한 번도 언급하지 않았다. 내가 그녀에게서 매력을 느끼고 그녀의 작업에 사로잡혀 있음을 설명하기에는 퍼포먼스가 너무 짧았다. 발레리가 사랑했으며 사랑했기에 혐오한 성적 치기稚氣에 딱 들어맞는 퍼포먼스였다. 읽어낼 수 없는, 막연히 공격적인, 하지만 또한 이상하게 수동적인. 발레리를 비롯해 대부분의 여성이 살아가는, SCUM과 아빠의 딸이 만나는 지점에 있는 바로 그 치기. 어쩌면 내겐 소유욕도 있었을 것이다. 어쨌거나 사적인 공연이었지만 단 한 사람의 관객은 서른 해 전에 이미 죽었다. 아마도 폐 공기증으로. 샌프란시스코 브리스톨 호텔의 객실 바닥에 무릎을 꿇은 채였다.[130] 짐작건대 기도를 하고 있었을 것이다. 누구를 향한 것도 아닌 기도를.

아서.

난 정말 끔찍해.
그렇지 않아?[131]

ARTHUR.

I am terrible, aren't I?

1967년 여름, 발레리는 팩토리에 자주 드나들며 앤디 워홀이 〈니 똥구멍이다〉의 제작과 연출을 맡게 하려 애썼다. 하루는 그녀가 그를 인터뷰했고, 그는 이를 녹음했다. 테이프 속에서 앤디는 발레리에게 CIA에서 일하느냐고 묻는다. 발레리는 앤디에게 어떻게 오르가슴에 이르는지를 묻는다. 어떤 대목은 마치 그녀가 그에게 SCUM 남성 부대를 맡기려고 인터뷰를 하는 듯한 느낌을 주기도 한다.

> 발레리: SCUM이 당신 인생에 어떤 영향을 미쳤어?
>
> 앤디: 음, 여자를 더 좋아하게 됐지.
>
> 발레리: 왜……?
>
> 앤디: 이전엔 전부 남자였어.
>
> 발레리: 이젠 어떤데?
>
> 앤디: 여자……. 전에는 여자는 존재하지 않았던 거지.

발레리: 남자밖에 없다고 생각했구나.

앤디: 맞아.

발레리: 한 가지 성별밖에 없었던 거네.

앤디: 그렇지.

발레리: 이제는 두 가지란 걸 아는 거고.

앤디: 이제 두 가지가 있는 거지…….[132]

지금 이걸 읽노라면 생각이 꼬인다. 내 원래 이름이 앤디Andy였다. 이제는 낡은 사진처럼, 혹은 감각이 마비된 다리처럼 낯선 것이 되어버렸다. 아직도 그 이름으로 부르는 사람이 몇 명 있긴 하지만 내 잘못이다. 처음 커밍아웃을 하면서 앤디Andi라는 이름을 쓸 거라고 말했던 것이다. 살아 있는 이름과 죽은 이름은 소리 내어 부르면 똑같았다.

〈니 똥구멍이다〉가 끝날 무렵 봉기는 아서라는 이름의 여자를 만난다. 그녀는 "그건 **내** 이름은 아니야, **남편** 이름이지" 하고 설명한다.[133] 봉기가 그녀와 싸우려는 건지 자려는 건지는 확실치 않다. 잠시 후 둘은 똥 같은 소리를 주고받는다. 아서의 지루한 결혼 생활이나 그녀 남편의 끝없는 성충동에 관한 이야기를 나눈다. 이들의 대화는 대여섯 살쯤 되는 아서의 아들이 끼어들어 잠시 끊어진다. 발기를 해보려다가 풀로 오줌 구멍이 막혔다며 징징댄다. 아서는 짜증을 숨기지 않고 아들을 향해 손을 젓는다. 그녀는 제 인생을 혐오한다. 그녀도 진저나 똥 먹는 아빠 딸이 다니는 정신과를 찾아가 보았으나 아무것도 달라지지 않았다. "공허감에 대해 이야기해보려 했지만 소용없었어요, 그는 아무 대꾸도 하지 않았죠."134 그녀는 이렇게 고백한다. 예기치 못한 반전이 일어나, 아서가 봉기에게 섹스를 제안한다. 아서가 "당신은 분명 침대에서 죽여주는 사람일 거야" 하고 추파를 던지고 봉기는 "실은 영 엉망이야" 하고 고백한다. "그냥 입만 살았지."135 사실이다. 그녀는 입만 살았다. 봉기는 〈니 똥구멍이다〉에 등장하는 내내 행동하는 여성에 관해 말하지만 거의 딱 거기까지다. 말할 뿐이다. 마침내 무언가를 하는 것은 남편의 이름을 쓰는 여성, 아서다. 아들이 돌아와 울먹이며 자기도 데려가 달라고 말한다. 그녀는 아들의 목을 졸라 길가에

묻어버린다. 살인은 비밀이 되고, 아서는 봉기에 가세해 길을 가는 여자들에게 추근댄다. "아름답고 천박하고 야시시한 인형"[136]—딱 발레리 취향인—에게. 연극은 이렇게 끝난다.

앤디 워홀은 1967년에 발레리 솔라나스를 촬영했다shot. 25달러를 주고 자신의 영화 〈나, 한 남자I, a Man〉에 출연시켰다. 한편으로 이것은 발레리가 준 〈니 똥구멍이다〉 대본을 잃어버린 데 대한 워홀식의 사과였다. 앤디는 "그녀는 곧장 건너왔고 계단에서 짧은 장면 하나를 찍었다"며 "그녀는 실제로 재밌었고 그거면 된 것"이라고 회상한다.[137] 영화에서 발레리는 모자를 쓰고 있다. 내가 본 사진에서마다 늘 쓰고 있는 모자다. 머리가 짧을 줄 알았는데 헝클어진 포니테일이었다. 목소리는 통통 튀고 자연스럽다. 뉴저지 억양이 강하다. 그녀는 엘리베이터에서 한 남자의 엉덩이를 쥐어놓고는 그에게 퇴짜를 놓는다. "질펀한 엉덩이 빠는 걸 좋아하긴 하지"라면서도 "당신이 그것 말고 뭐가 있냐?"고 한다. 그가 포기하지 않자 마침내 그녀는 진실을 말해준다. "당신의 본능은 여자를 좇으라고 하지?" 몇 계단 위에서 담배를 피우며 그녀가 묻자 그는 "맞아요!" 하고 답한다. "내

본능도 그래."[138] 이걸 보고 있자면 발레리가 너무도 매력적으로 느껴진다. 아마도 그녀는 절대 나랑은 안 잤을 것이다.

1968년 6월 3일, 발레리 솔라나스는 앤디 워홀을 쏘았다shot. 총알은 그의 위장, 간, 목구멍, 폐 양쪽, 비장에 상처를 냈고 응급 제거 수술이 필요했다.[139] 병원에 도착한 그는 사망 선고를 받았다. 90초 내내 그랬다. 하지만 그는 죽지 않았다. 의식이 혼미했다. 후일 그는 이렇게 회상했다. "계속 생각했지, '진짜 죽었구나. 죽는다는 게 이런 거구나—살아 있다고 생각하지만 죽은 거야, 그냥 병원에 누워 있다고 생각하는 거지.'"[140]

5년 후 발레리는 또 한 번 앤디를 쏘았다. 이번에는 죽었다. 빠르게, 꾸물대지 않고. 전에는 남자들boys밖에 없었다. 이제 근처를 한참 돌아보아도 남자는 없고, 여자 하나a girl만 있었다.

· 〈여성을 좋아한다는 것에 관하여(On Liking Women)〉는 2018년 《n+1》에 발표한 안드레아 롱 추의 데뷔 에세이다. 《피메일스》는 이 글의 논의에서 시작되었다.

여성을 좋아한다는 것에 관하여

성전환자 북클럽 이름치고

남성거세결사단은 좀 거창하지만

딱 한 학기였지만 고등학교 땐 한 주에 한 번 수업을 일찍 마치고 운동부 버스를 탔다. 날렵한 반팔에 반바지, 배구복을 입은 10대 여자아이 열다섯 명과 함께였다. 나만 남자였다.

가끔 아직 옷을 못 갈아입은 아이는 뒷줄로 가서 학교 체육복을 벗고 군청색 유니폼에 얼른 팔다리를 꿰어 넣었다. 간단히 매무새를 고칠 땐 그냥 나에게 눈을 감으라고 했다. 이론상으론 곧 있을 경기에 온 신경이 쏠려 있었다. 기운찬 성장기 여자애들이 뛰어오르고 받아 치고 몸을 날리는 동안 나는 공식 기록계로서 복잡한 표에 칸칸이 숫자를 채울 것이었다. 하지만 아무리 바싹 든 군기도 경기가 끝나면 풀리게 마련이었다. 고속도로 휴게소에 들러 잔뜩 기름진 군것질거리를 먹을 때쯤이면 아이들은 천진한 평상복 차림으로 늘어졌다. 아랫단을 빼고 입은 티셔츠, 딱 붙는 속티, 그 아래로 보이는 스포츠 브라 끈. 경기로 진이 빠진 아이들은 거침없이 이야기했다. 남자 이야기, 섹스 이야기는 물론 취향이나 앙심, 작고 날 선 욕망들까지 온갖 이야길 해댔다. 다른 건 특별할 것 없었던 화요일 저녁, 원정 경기를 마치고 돌아오는 버스에 앉아 귀를 기울이며 불현듯 팔뚝에서 팔뚝으로 넘어오는 그 곤란한 전류를 기다렸다. 공화당 텃밭인 집을 나서 역시 공화당 텃밭인 다른 주에 다녀오는 길이었다.

내게 여성을 좋아한다는 것과 여성이 되고 싶다는 것은 실은 단 한 번도 구분되지 않았다. 마치 삼키면 안 되는 알약처럼, 전자의 욕망은 후자를 몇 년이나 입에 머금고 있었다. 다가올 일들의 조짐을 찾아 어린 시절을 뒤지다 보면 버스에서 보낸 시간들이 떠오른다. 기억하기로는 거의 가장 게이스러운gayest 시간이었다. 아마 그렇게까지 게이스럽지도 않았을 것이다. 부정denial의 무게에 짓눌리며 운동부에 깃든 동성애homoeroticism를 착즙하는 건 흔한 일이니까. 하지만 까탈스럽게 골라낼 수는 없다. 겁먹은 이성애자straight 남자아이의 삶의 잔해에서 진짜 레즈비언다운 기억을 하나라도 건져 올리고 싶어 아등바등하고 있으니 말이다. 비벼볼 만한 다른 유일한 기억은 절친을 향한 사춘기의 열병이다. 까칠하고 목소리는 저음에 화제를 몰고 다니는 여자애였다. 〈L 워드The L Word〉의

셰인Shane을 따라한 거란 건 한참이 지나고야
알았다. 하루는 걔가 수업이 끝나면 비밀을 하나
말해주겠다고 했다. 내게 고백을 하려는 건지도
모른단 기대로 종일 어찔했다. 이윽고, 전화로, 숨
막혀 죽겠다 싶을 한참의 침묵 후에, 걔는 자기가
동성애자라고 말했다. 속으로는 울면서 "그 말 할 줄
알았어" 하고 답했다. 10년이 지나, 연락이 끊긴 지
오래인 그 친구에게 문자를 보냈다. "지난주에, 내가
트랜스란 걸 알게 됐어"라고 썼다. "넌 그 시절에
나한테 커밍아웃을 했잖아, 보답하는 거야"라고.

처음으로 학부생 강독 수업을 맡게 되기 몇 달
전이었다. 평생에 두 번째로—하지만 여성으로서는
처음으로—발레리 솔라나스의 《SCUM 선언문》을
읽었다. 《SCUM 선언문》은 혁명적으로 남성의
씨를 말려야 한다고 주장하는 맛깔나게 악랄한
페미니스트의 군소리다. 솔라나스는 뉴욕시
데커빌딩 6층에서 앤디 워홀을 저격하기 한 해 전인
1967년에 이 책을 자비로 출판했다. 학생들이 어떤
느낌을 받을지 궁금했다. 수업 전에 화장실에서
화장을 고치며 머리를 만지고 있는데 한 여학생이
다가왔다. 강의실에서 내 바로 오른쪽에 앉는, 생각이
깊고 성실한 학생이었다. 그녀는 숨 쉴 틈도 없이

"솔라나스 강독 너무 좋았어요"라며 "그런 걸 공부할 수도 있는 줄은 몰랐어요" 하고 말했다. 무슨 소린가 싶어 고개를 갸우뚱하며 되물었다. "뭘 공부할 수 있는지 몰랐다고요?" "페미니즘이요!" 그녀가 활짝 웃으며 답했다. 수업 시간에 그 학생의 공책을 슬쩍 봤더니 SCUM이라는 단어만 빼곡히 적혀 있을 뿐이었다. 보통은 짝사랑 이름을 적을 때나 쓰는 한껏 꾸민 글씨체로.

나 역시 대학생 때 페미니즘과 사랑에 빠졌다. 나 역시 그 비밀스런 발견에 쾌감을 느꼈다. 전자 음악과 야릇한 느낌에 들떠 어둑하고 북적이는 기숙사 방 한쪽에서 수줍게 그녀를 흘깃거렸다. 저음에 자신감 넘치고 살짝 쌀쌀맞은 데가 있는, 주위의 누구도 거부할 수 없는 중력을 가진 여자아이. 페미니즘은 너무 멋있고 별것 안 해도 세련돼서, 사회 불안이 있어 고등학생이 될 때까지 통화도 못했던 나 같은 사람에게는 관심이 없을 것 같았다. 게다가 여자만 만난다는 이야기도 들었으므로 나는 그저 멀리서 동경하기만 했다. 학생 신문 최신 호에 실린 이런저런 동아리 파티 폭로 기사에 비판적인 댓글을 달았다. 여성학 강좌에는 나 말고는 남자가 한 명밖에 없었다. 슐라미스 파이어스톤에서부터

〈제저벨Jezebel〉까지, 닥치는 대로 읽었다. 강간 문화에 관한 기괴하고 불경한 희곡을 썼다. 대천사 가브리엘이 데이비드 매밋David Mamet* 저리 가랄 정도로 험악하게 독백을 하는 내용이었다. 내가 아름다운 양성구유 프롤레타리아트Beautiful Hermaphrodite Proletariat라고 이름 붙인 것이 등장하는 추하고 이상한 시도 썼다. 페미니즘 생각만 하고 페미니즘 이야기만 했다. 집에 가면 엄마와 여동생은 넌더리를 내며 너는 여자로 산다는 게 어떤 건지 모른다고 말하곤 했다. 내가 좋아했던 여자애들이 다 그랬듯 페미니즘은 내겐 과분하다고 확신했지만, 사랑은 사랑이었다.

《SCUM 선언문》을 처음 읽은 것은 대학교 2학년 때였다. 텅 빈 전철을 타고 이스트강을 건너는 중이었다. 위엄, 가차 없는 격론, 생생하고 다채로운 문체까지, 모든 것이 짜릿했다. 솔라나스는 **멋졌다**. 《SCUM 선언문》을 읽으니 그게 우연이 아니란 걸 알 수 있었다. 선언문의 첫머리는 이렇다.

*

20세기 미국의 대표적인 극작가·연출가이자 영화감독, 소설가. 대표작 중 하나인 〈올리아나(Oleanna)〉(1992년 초연)는 강렬한 대사로 남성 교수와 여성 학생 사이의 권력 관계와 성폭력을 다루는 2인극이다.

이 사회에서 살아가는 건 잘 봐줘도 완전
지루하고 이 사회는 여성에게는 전혀 안 맞으며
시민 의식과 책임감이 있고 스릴을 좇는
여자들에게 남은 일이라곤 정부를 뒤엎는 것,
화폐제도를 없애는 것, 완전 자동화를 도입하는
것, 남자라는 성별을 파괴하는 것뿐이다.

솔라나스의 혁명적 극단주의 자체보다는, 그녀가 얼마나 경박하게 이를 정당화하는지가 충격이었다. 남성 우월주의 아래에서 살아간다는 것은 억압적이고 착취적이고 부정의한 것이 아니라, 그냥 좆나 지루하다는 거다. 야심 가득한 극작가 솔라나스에게 정치란 미적 판단에서 시작되는 것이었다. 그녀가 보기에 남자와 여자는 기본적으로, 경쟁 구도에 있는 양식style, 미적 사조며 뚜렷이 구분되는 수식어 목록이 붙는 것이었기 때문이다. 남성은 소심하고 죄가 있으며 의존적이고 생각 없고 수동적이고 동물적이고 불안정하고 겁쟁이에 질투심 많고 허영심 덩어리고 경솔하고 유약하다. 여성은 강인하고 역동적이고 결단력 있고 심지 굳고 지적이고 독립적이며 자신만만하고 심술궂고 폭력적이고 이기적이고 자유분방하고 스릴을 즐기며

오만하다. 무엇보다도, 여성은 멋지고 근사하다.

하지만 수업을 준비하며 책을 다시 읽어보니, 남성혐오로 그렇게나 유명한 솔라나스가 남성의 절멸을 추구하는 가운데서도 얼마나 포용적인지가 새삼 떠올라 놀라웠다. 먼저, 솔라나스의 혁명군 SCUM("남성거세결사단"이라는 뜻이라지만 선언문에 이런 표현이 나오지는 않는다)*의 근사하고 자유분방한 여자들은 어느 남자라도 자신을 "똥 덩어리, 하찮고 역겨운 똥 덩어리"라고 선언하고 남성 외인부대에 자원하면 가리지 않고 받아줄 것이다. 둘째로, 혁명 후에도 살아남을 소수의 남성은 관대하게도 약으로든 드랙으로든 쪼그라들면 된다. 초원에 방목될 수도, 여자들의 원기 왕성한 삶을 대리체험할 수 있는 24시간 공급기에 매일 수도 있다. 그리고는 이런 말이 나온다.

> 남성이 현명하다면 열심히 생물학을 연구해 진짜로 여자가 될 길을, 뇌와 신경계 수술을 통해 몸뿐만 아니라 정신도 여성이 될 수 있는 길을 찾아낼 것이다.

* 10쪽의 옮긴이 주 참고.

이 문장엔 입을 틀어막았다. 분리주의로서의 성전환을, MTF 트랜지션이 그저 남성성과의 탈동일시가 아니라 남성들과의 단절을 표명하는 것일 수 있음을 예견하는 문장이었다. 여기서 트랜지션은 혁명과 마찬가지로 미학적인 관점에서 재구성된다. 성전환 여성이 트랜지션을 하는 것은 일종의 타고난 성 정체성을 "확증"하기 위해서가 아니라 그저 남성으로 사는 것이 멍청하고 지루한 일이기 때문이라는 식으로 말이다.

⁙

내가 너무 과하게 읽었지 싶다. 2013년에 솔라나스 25주기를 맞아 샌프란시스코에서 열릴 예정이었던 헌정 행사가 취소된 적이 있다. 솔라나스가 트랜스혐오자라고 생각한 이들이 있었고, 페이스북에서 격렬한 갈등이 벌어진 탓이었다. 한 트랜스 여성은 퀴어 공간에서 래디컬 페미니스트들에게 괴롭힘 당한 경험을 이야기했다. 그들은 솔라나스를 1979년에 반트랜스 페미니즘 고전 《성전환 제국: 쉬메일의 탄생》을 낸 재니스 레이먼드만큼이나 자주 인용했다. 다른 이들도 비난에 가세했다. 짬지muff*의 세계를 알려주는 펑크록 잡지 《망할 트랜스 여성Fucking Trans Women》의 발행인 미라 벨웨더Mira Bellwether는 블로그에 이 행사에 의구심을 표하는 긴 글을 올리며 《SCUM 선언문》을 역사상 "잠재적으로 최악이자 가장 표독한 레즈비언-페미니스트 혐오 발언의 사례"로 칭했다. 또한 "Y(남성) 유전자는 불완전한 X(여성) 유전자다. 염색체가 모자라다는 뜻이다. 달리 말하자면 남성은 불완전한 여성, 걸어 다니는 낙태, 유전자 수준에서 벌어진 낙태다"라는, 유전학에 호소하는 듯한 문구를 인용하며 솔라나스가 심각한 생물학적 본질주의자라는 혐의를 제기했다. 벨웨더가 보기에 《SCUM 선언문》이 남성에 대해 하는 말은 전부 트랜스 여성에 대한 말이기도 하다는 데에는 이론의 여지가 없다.

하지만 이런 비난은 이상하다. 솔라나스를 "레즈비언 페미니스트"라고 부르는 건 그녀가 여성 운동의 동성애혐오에 항의하며 1970년 여성연합 제2차 회의Second Congress to Unite Women를 한동안 점거하고 〈여성으로 정체화한 여성The Woman-Identified Woman〉이라는

*

원어 muff는 질이나 여성의 사타구니 등을 가리키는 비속어 명사이자 망치다라는 뜻의 동사다. 역시 비속어로, 음부를 보여주는 등 몇 가지 행위를 가리키는 동사로도 쓰인다. 미라 벨웨더는 이를 트랜스 여성이 질을 이용해 하는 성행위를 뜻하는 동사로 사용한다.

유명한 팸플릿을 뿌린 뉴욕시의 라벤더 위협Lavender Menace 같은 레즈비언 집단과 연관되어 있다는 잘못된 인상을 준다.* 하지만 솔라나스는 정치적 레즈비언도 레즈비언 정치꾼도 아니었다. 그녀는 어떻게 보나 외톨이이자 부적응자, 악전고투하는 작가이자 성노동자였다. 이따금은 동성애자로 정체화하기도 했지만 언제나 독고다이였다. 1965년에 쓴 폭력 활극 〈니 똥구멍이다〉에는 "이 이야기를 나에게ME 헌정한다. 나는 쉼 없이 내게 힘을 주고 나를 이끌어 주었으며, 나의 지칠 줄 모르는 의리와 헌신, 신뢰가 아니었다면 이 극본은 쓰지 못했을 것이다"라는 헌사를 썼다(끝까지 다 쓰자면 〈니 똥구멍이다, 혹은 요람에서 보트까지, 혹은 거대한 엉망, 혹은 슬라임에서 위로〉가 제목인데, 솔라나스는 바로 이 공연을 제작하라고 앤디 워홀에게 처음에는 좋은 말로 하다 나중에는 총까지 들이댔던 것이다).

*

"라벤더 위협"이란 1969년에 베티 프리단이 레즈비언 운동이 여성 운동에 방해가 된다며 (성소수자를 상징하는 라벤더색에 빗대어) 쓴 표현을 따온 이름이다. 이들은 이후 래디컬레즈비언즈(Radicalesbians)로 이름을 바꾸었다. 여기서 언급된 팸플릿은 〈여성이 여성을 정체화했다(The Woman Identified Woman)〉라는 제목으로 《우리는 다 태워버릴 것이다》(브리앤 파스 편, 양효실 외 역, 바다출판사, 2021)에 실려 있다.

유전자 문제에는 내 Y 염색체가 거론된 것을 불쾌해해야 할 것이다. 하지만 솔직히 말해서, 가치를 따지자면 15달러짜리 비디오 대여점 상품권쯤 되는 그것 때문에 불끈거리기가 쉽지는 않다. 사실 요즘 독자들이 솔라나스의 분석에서 남성과 트랜스 여성을 구분하기 어려운 것은 그녀가 트랜스 여성이 모두 남성이라고 생각했기 때문이 아니다. 오히려 그녀는 모든 남성을 벽장 속 트랜스 여성으로 생각한다. 솔라나스가 남성이라는 것은 "결핍증"이라며 혀를 차는 대목에서는 반농담조로 테스토스테론 중독이라는 자가 진단을 내리는 트랜스 여성들이 떠오른다. 남성은 "생물학적 사고"라고 을러댈 때도 모든 남성은 **말 그대로** 잘못된 몸에 갇힌 여성이라는 탁월한 주장이 생각날 뿐이다. 《SCUM 선언문》에 따르면 모든 남성이 이러한 보지 선망으로 고통받지만 이를 인정할 용기가 있는 것은 기껏해야 "호모"와 "드랙퀸" 정도다. 솔라나스는 이들이 개중에 가장 덜 불쌍한 축에 속한다고 생각한다. 그리고는 〈니 똥구멍이다〉의 추잡한 면면을 빛내는 두 명의 똘똘한 퀸 중 하나인 미스 콜린스를 통해 이렇게 말한다.

미스 콜린스: 비밀 하나 말해줄까? 난 남자를 경멸해, 내가 왜 남자여야 하지? (**신이 나서는**) 내가 세상에서 제일 되고 싶은 게 뭐게? 바로 레즈비언이야. 그럼 내가 케이크가 되는 데다 케이크를 먹을 수도 있는 거잖아.*

벨웨더는 여전히 내가 너무 관대하다고 말할지도 모르겠다. 하지만 《SCUM 선언문》처럼 닿기만 해도 뜨거운 글을 관대함 말고 어떤 마음으로 받아들일 수 있겠는가. 결국은 대량 학살을, 심지어는 재물 손괴까지 주창하는 팸플릿이니 말이다. 헌정 행사가 취소되어 실망한 사람들이 (여성을 포함한) 인류의 완전한 절멸이라는 솔라나스의 장기 계획이나 수프 캔을 그린 남자에 대한 살인 미수를 덮어놓고 옹호한 것은 전혀 아니다. 브리앤 파스가 솔라나스 전기에 쓴 대로 전미여성기구National Organization for Women(NOW)는 그렇잖아도 여러모로 부담을 겪고 있었고, 이 총격 사건으로 한계에 이르렀을 뿐, 이 사건 자체가 결정적이었던 것은 아니다. 전미여성기구는—겨우

* 원하는 대로 모두 다 할 수는 없다는 뜻의 '케이크를 먹기도 하고 갖고 있기도 할 수는 없다'라는 속담을 활용한 표현이다.

두 해 전인 1966년에 설립된—신생 단체였지만 이미 임신중지와 레즈비어니즘을 둘러싼 균열에 시달리고 있었다. 래디컬 페미니스트 티-그레이스 앳킨슨과 플로린스 케네디Florynce Kennedy가 수감된 솔라나스를 면회하고 케네디가 무료로 변론을 맡기로 하자 당시 NOW 회장이었던 베티 프리단Betty Friedan은 서둘러 이 확실한 이름이 있는 문제**와 선을 그었다. 케네디에게 "NOW와 발레리 솔라나스를 어떤 식으로든 연결 짓는 일을 당장 멈추시오"라는 전보를 보낸 것이다. 그해가 가기 전에 케네디와 앳킨슨 모두 조직을 탈퇴했고, 둘은 각자 단체를 설립했다. 페미니스트당The Feminist Party과 10월17일운동the October 17th Movement ***이라는, 표면적으로는 더 급진적인 단체들이었다. 마찬가지로, 솔라나스 헌정 행사가

**

"확실한 이름이 있는 문제"는 베티 프리단의 유명한 표현 "이름 없는 문제"를 비꼬아 쓴 말이다. 프리단은 1963년 저서 《여성성의 신화(The Feminine Mystique)》에서 "많은 중간계급 여성이 여성적인 아내/어머니/주부라는 '역할'에서 느끼는 불행감"을 "이름 없는 문제"라 칭한 바 있다.

***

두 단체 모두 오래가지는 못했다. 페미니스트당은 1972년 미국 대선에서 미국 최초의 흑인 여성 의원으로 민주당 경선에 출마한 셜리 치점(Shirley Chisholm)의 선거 운동에 함께했다. 10월17일운동은 설립일을 따서 지은 이름으로, 오래지 않아 페미니스트(The Feminists)로 개칭했으며, 결혼을 노예제에 비유한 결혼 제도 폐지 운동으로 잘 알려져 있다.

취소된 2013년에는 직접 만나 페이스북 언쟁의 끝을 보고 싶었던 이들이 모여 "발레리 솔라나스에 대해 감정이 복잡한 사람들We Who Have Complicated Feelings About Valerie Solanas"이라는 제목으로 별도의 행사를 열었다.

솔라나스의 유산을 두고 벌어진 불화는 낡은 페미니즘의 기준, 벨웨더의 것과 같은 비판이 토대로 삼는 광범위한 식자적 습관의 소산이라는 말이다. 우리는 이를 페미니스트 역사 기록학이라고 부른다. 온갖 물결과 집단과 전설적인 대회 들이 있다. 페미니스트라면 응당, 자신의 심장으로 여기는 불타는 브라에 수식어들을 수놓아둔다. 급진, 자유주의, 신자유주의, 사회주의, 마르크스주의, 분리주의, 문화, 기업, 레즈비언, 퀴어, 트랜스, 생태, 교차, 반포르노, 반노동, 친섹스, 제1, 제2, 제3, 때로 제4물결까지, 우리는 이런 수식어로 서로에게 우리 자신과 우리의 역사를 이야기한다. 하지만 아마도 이런 말들은 실제로 있었던 일들보다는 프레드릭 제임슨Fredric Jameson이 "거대 역사기록 형식의 '감정'"이라 칭한 것, 다시 말해 과거의 너저분한 경험적 자료들을 모든 일이 필연으로 보이는 역사라는 우아한 구조물로 만드는 만족감에 관한 문제일 것이다.

그렇다면 이런 이야기들이 "진리"인 경우가 좀처럼 없다는 말은 그저 분류taxonomy는 곧 박제taxidermy라는 금언을 반복하는 말인 것만은 아니다. 지적 탐구의 대상들이 무덤을 뛰쳐나오는 B급 영화 속 좀비처럼 영원히 도망 다닌다는 것은 부정할 수 없지만 말이다. 이 말은 또한, 《SCUM 선언문》을 비롯한 모든 문화적 산물이 역사의 메시지에 대해서는 기껏해야 차선적인 자동응답기일 뿐이라는 말이다. 문화적 산물은 무엇보다도 무언가를 느껴볼 수 있을, 욕망의 고저를 조정하거나 환상을 더 조밀히 채우거나 어떤 것을 달리 느낄 길을 찾거나 새로운 다짐을 할 기회를 제공한다. 우리는 공동체나 대중에 속하고 싶어서, 혹은 일에 지쳐서, 혹은 친구나 연인이 갖고 싶어서, 혹은 어쩌면 아름다운 옛이야기들이 다 무너지는 이 시대와 문화 속에서 정치가 어떻게 가능할지를 고심하고 있어서, 페미니스트로서든 아니든, 정치사부터 대중문화까지 갖가지를 읽고 또 본다.

그런 점에서 《SCUM 선언문》이 "길을 잘못 잡았고 혐오로 가득한 제2물결 페미니즘과 레즈비언 페미니즘의 정점"이라는 벨웨더의 비난은 특별한 일은 아니다. 페니미스트는 앞세대 페미니스트에게

이를테면 정치적으로 실망하기를 즐기며, 이 비난도 그중 하나일 뿐이다. 페미니즘이 과거에는 트랜스 여성을 배제했지만 이제는 트랜스 여성과 함께 가는 법을 배우고 있고 미래에는 트랜스 여성이 중심이 될 것이라는 버전의 이야기다. 트랜스 배제적 래디컬 페미니스트, 통칭 TERF라는 이름이 함의하는 미심쩍은 약간의 수정주의가 이 이야기의 개연성을 보장한다. 대부분의 페미니스트와 마찬가지로 TERF는 하나의 정당도, 통일된 전선도 아니다. 대체로 트랜스젠더 여성이 실은 여성이라는 생각을 거부하는 데로 수렴되지만 그들의 신념에도 서로 차이가 있다. 그들이 딱히 TERF라는 이름을 좋아하는 것도 아니다. 멸칭으로 여기기 때문이다. 하지만 고집불통을 가리키는 말들은 애초에 깎아내리기 위한 것이라는 의미에서 멸칭이 맞긴 하다는 점만 빼면 이런 불평은 신경 쓰지 않아도 좋을 것이다. 진짜 문제는 TERF 같은 이름이 역사기록학적 농간이라는 점, TERF는 하나같이 제3물결을 놓치고 뻗대고 있는, 도무지 배워먹지 못한 구닥다리 래디컬 페미니스트라는 잘못된 생각을 내비친다는 점이다. 이를 통해 그들은 일종의 살아 있는 시대착오라는, 그들에게서 과거를 엿볼 수 있다는 독해가 허락된다. 유럽의 인류학자들이 소위 원시사회를 호박 속에 갇힌 문명 발전의 이전 단계로 상상한 것과 다를 바 없다.

사실, 인터넷이라는 맥락을 봐야 TERF를 제대로 논할 수 있다. 〈페미니스트 커런트Feminist Current〉의 메건 머피Meghan Murphy나 〈젠더추종자GenderTrender〉의 린다 섄커Linda Shanko 같은 반란군 블로거들은 성전환 제국의 배기구에 시답잖은 클릭 미끼를 던지는 일로 하루를 보낸다. 진짜 싸움은 댓글, 밈, 신상 털기 등의 형태로 텀블러에서 벌어진다. 예컨대 오로지 자칭 “젠더 비판적 페미니스트gender critical feminists” 텀블러 페이지를 모으기만 하는 페이지를 여럿 찾을 수 있다. 하지만 이 충돌은 거대한 이념적 충돌이 으레 그렇듯 소셜미디어—특히 텀블러, 트위터, 레딧—구석구석까지 뻗어 있다. 어떤 하위문화가, 특히 온라인에서, 극단주의 정치학을 옹호하는 경우 그 정치학을 해당 하위문화의 심장부로 여기고 싶겠지만 이는 대개 잘못된 일이다. TERF를 대안우파의 몇몇 갈래와 마찬가지로 (아무리 해로운 것이라 해도) 그 정치적 이념보다는 트롤링trolling과의 복잡하면서도 솔직히 매혹적인 관계를 통해 정의해야 하지는 않을지 따져보아야 한다. 디지털 민족지학의 문제를 해결했을 미래의 인류학자들이 자세히 말해주겠지만 말이다.

⁙

물론 페미니즘의 트랜스혐오는 백인 민족주의와 마찬가지로 디지털 세상에서만 일어나는 현상은 아니다. 진심으로 트랜스 여성을 두려워하고 미워한 제2물결 페미니스트들이 있었다. 호주의 페미니스트이자 1974년작 베스트셀러 《여성 거세당하다The Female Eunuch》의 저자인 저메인 그리어Germaine Greer 같은 유명한 사람도 있다. 그리어만큼이나 위세 좋게 비죽대는 TERF도 흔치 않다. 그녀는 1989년에 《인디펜던트Independent》지에 어느 팬과의 만남을 이렇게 묘사했다.

> 미국에서 《여성 거세당하다》가 출간된 날, 하늘하늘한 옷을 입은 어떤 사람이 달려와서는 내 손을 덥석 잡았다. 놈it은 거슬리는 숨소리를 내며 "고맙습니다, 저희 여자들을 위해서 많은 일을 해주셨잖아요, 정말 고맙습니다!"라고

했다. 나는 억지 미소를 짓고 고개를 끄덕이며 뒷걸음질을 쳤다. 커다랗고 우악스럽고 털이 무성한, 반지를 두른 그 앞발에서 내 손을 빼고 싶었다. 나를 바라보는 그 얼굴에서는, 엄청나게 부풀린 인조모 가발, 한 쌍의 가짜 속눈썹과 되지도 않는 시합이라도 벌이는 듯 거뭇한 수염이 떡칠한 화장을 뚫고 올라오고 있었다. 얇은 스카프 너머로 훤히 비치는, 갈비뼈 개수를 셀 수도 있을 만큼 불거진 가슴팍 앞으로 반질반질한 금속제 여성해방 엠블럼이 흔들렸다. 나는 이렇게 말해야 했다. "당신은 남자야, 《여성 거세당하다》는 당신 좋으라고 쓴 게 전혀 아니라고. 꺼져."

그리어의 욕지기가 그녀나 그녀의 TERF 동료들이 싫어해 마지않을 여성혐오와 궤를 같이한다는 점을 밝히는 데 딱히 분석씩이나 필요하지는 않을 것이다. 대신, 낯선 이의 침을 타고 번지는 트랜스여성혐오가 중간소설처럼 빵빵한 양식적 특권을 누리는 모습을 보는 것이 얼마나 드문 일인지를 잠시 생각해보라. 줄리아 차일드Julia Child [같은 고급 요리사]가 아기에게 식사를 대접하는 격이 아닌가.

한편, 오랜 시간 페미니즘의 이드id를 자임해온 그리어는 주기적으로 지상에 나와 허물을 벗고 날개를 펴며 TV에 출연한다. 2015년에는 케이틀린 제너Caitlyn Jenner에게 올해의여성 상을 주기로 한 《글래머Glamour》지를 "여성혐오적"이라며 비난해 파장을 일으켰다. 제너가 《배니티 페어Vanity Fair》 화보를 촬영한 얘기도 했다. 그 백래시를 향해, 그리어는 이런 주옥같은 말을 남겼다. "겨우 자지를 떼고 드레스를 입었다고 빌어먹을 여성이 되는 게 아니다. 나는 의사에게 귀를 길게 늘이고 피부에 반점을 박아 달라고 했고 갈색 코트도 입을 것이다. 하지만 그렇다고 내가 빌어먹을 코카스파니엘이 되지는 않는다." 한때 솔라나스를 옹호했던 제2물결의 아이콘 앳킨슨이 2014년에 보스턴 어느 대학에서 TERF식 연설을 늘어놓는 모습 같은 것은 더욱 놀랍다. "젠더를 둘러싼 갈등이 있다. 다시 말해, 페미니스트들은 젠더를 없애려 노력하고 성전환된 이들transgendered[원문 그대로임]은 젠더를 강화한다"는 앳킨슨의 말은 〈1960년대 말과 1970년대의 여성해방 운동Women's Liberation in the Late 1960s and Early 1970s〉이라는 주제로 열린 한 학술대회에 전해져, 제2물결을 통째로 페미니즘 역사의 암흑기로 일축하는 데 힘을 실었다.

하지만 악명 높은 1973년 웨스트코스트레즈비언대회West Coast Lesbian Conference를 살펴보자. 대회 첫날 밤 성전환 포크 가수 베스 엘리엇Beth Elliott의 공연이 예정돼 있었으나 반대 시위가 벌어져 그녀는 무대에 서지 못했다. 래디컬 페미니스트이자 1970년에 출간돼 큰 영향력을 미친 선집《자매애는 강력하다Sisterhood Is Powerful》의 편집자인 로빈 모건Robin Morgan은 황급히 연설문을 써서 이튿날 발표했다. 그녀가 "기회주의자, 침투자,—강간범의 사고방식을 가진—파괴자"라며 책임을 떠넘기는 내용이었다. 모건의 발언은 당시 한동안 발행되었던 지하 신문《레즈비언 조류Lesbian Tide》에 실려 널리 읽혔다.

> 저는 남자male를 "그녀she"라 부르지 않을 것입니다. 이 남성중심적 사회에서 고통받으며 살아남은 지난 서른두 해는 저에게 "여성woman"이라는 이름을 주었습니다. 남자 복장도착자가 (어쩌면 즐기면서) 5분쯤 괴롭힘을 당해보고는 감히, 감히 우리 고통을 이해한다고 말한다고요? 아니요, 어머니의 이름을 걸고, 우리 자신의 이름을 걸고, 우리는 그를 자매라 불러서는 안 됩니다. 백인이 블랙페이스blackface를

한다는 것이 어떤 일인지를 우리는 알고 있습니다.
남성이 드랙을 한다는 것 역시 마찬가지입니다.

대회에 대한 기록은 대개 이 정도로 끝난다. 이것이 얼마나 말도 안 되는 일인지를 짐짓 덧붙이는 정도다. 하지만 역사학자 핀 엔케Finn Enke가 《계간 트랜스젠더 연구Transgender Studies Quarterly》에 곧 발표할 글에서 지적하는 대로,* 많은 글은 전국구 레즈비언 단체 빌리티스의딸들Daughters of Bilitis 샌프란시스코 지부가 1971년에 부모에게 버림받은 19세의 베스 엘리엇을 환대했었다는, 그해에 엘리엇이 부지부장으로 선출되었다는, 로스앤젤레스에서 열린 여성동성애자대회Gay Women's Conference에서 오렌지카운티다이크패트롤Orange County Dyke Patrol이 그녀와 함께했다는, 그녀는 소수의 강경파 참여자가 그녀의 존재를 두고 논란을 일으킨 바로 그 대회의 **조직위원**이었다는 사실은 빼먹는다. 예의 악질적인 연설에 대해서 엔케는, 모건이 엘리엇을 공격한 것은 남자와 살림을 차린 터에 레즈비언 대회에서 연설을

*

Finn Enke, "Collective Memory and the Transfeminist 1970s: Toward a Less Plausible History," TSQ 5(1), 2018, pp. 9–29. doi: https://doi.org/10.1215/23289252-4291502

하게 된 데 대한 불안감에서 비롯된 일이라 짐작한다. 그녀는 종종 그 남자의 여성스러움을 끌어다 자신이 래디컬하다는 근거로 삼으려 했지만 그다지 잘되지 않았다.

이는 두 가지를 말해준다. 첫째, 1960년대, 1970년대의 래디컬 페미니즘은 점령하라Occupy부터 버니 샌더스Bernie Sanders 선거 운동까지 정치 운동이 다 그렇듯 잡탕이었다. 둘째, 적어도 이 경우, 페미니즘의 트랜스혐오는 반트랜스적 적대감의 표출이라기보다는 어떻게 해야 정치적이라는 기분이 드는가 하는 문제를 둘러싸고 여성 해방 운동이 겪은 커다란 위기의 간접적인, 심지어는 주변적인 여파에 가까웠다. 페미니즘적 비판의 범위를 일상생활의 영역으로 확장하면서—이런 움직임은 마르크스주의자의 자본주의 비평에 못지않은 아주 남성적인 성향의 이론을 낳았다—제2물결은 뜻하지 않게 스스로를 궁지로 몰아갔다. 래디컬 페미니즘 이론의 주장대로 가부장제가 법적, 문화적, 경제적 영역뿐 아니라 **여성 자신**의 정신세계까지 오염시켰다면, 페미니즘 혁명이란 개개인의 의식에서 남성 우월성에 물든 털을 한 올 한 올 남김없이 뽑아냄으로써만—말하자면 일종의 정치적 트집 잡기를 통해서만—이룩될 것이었다. 또한 이 일이 가장 시급한 곳은, 그리고 가장 어려운 곳은, 바로 잠자리였다. 섹스에 대한 정치적 비판을 만만하게 여겨 끈질기게 싸우다 보니 래디컬 페미니즘은 이제 행동만 할 게 아니라 말도 번지르르하게 해야 할 지경이 되었다. "페미니즘은 이론이고 레즈비어니즘은 실천이다"라는 앳킨슨의 유명한 말은 이렇게 탄생했다. 성전환 여성인 엘리엇과 이성애자 여성이라는 혐의가 있었던 모건, **둘 다** 이런 정치적 분위기 속에 있었다. 일부 래디컬 페미니스트들이 개별 주체와 자신들이 만들어갈 역사를 연결 짓는 미학적 형식으로서 소위 레즈비어니즘이라는 것을 숭상하기 시작했고, 이들은 페미니즘 정치에 합당한 주체로서의 지위를 위협받게 되었다.

전체로서의 래디컬 페미니즘에는 트랜스 우호적trans-loving 레즈비언과 트랜스혐오적 이성애자가 모두 있었던 가운데, 래디컬 페미니즘 **내에** 정치적 레즈비어니즘에서부터 오늘날 우리가 트랜스 배제적 래디컬 페미니즘이라고 부르기로 한 현상으로 이어지는 역사적 계보가 있는 것이다. 하지만 이것은 어떻게 봐도 지배적이라고 할 수는 없는, 특수한 경향이다. 호주 멜버른대학교에서 교수로 있다 최근에 은퇴한 영국의 레즈비언 페미니스트 실라 제프리스를 예로 들어보자. 푸릇푸릇했던 시절의 제프리스는 리즈혁명적페미니스트그룹Leeds Revolutionary Feminist Group에서 활동했다. 1979년에 낸 〈정치적 레즈비어니즘: 이성애에 반대하며Political Lesbianism: The Case Against Heterosexuality〉라는 불같은 글로 기억되는 단체다. 이 글은 정치적 레즈비언을 "남자랑 자지 않는, 여성으로 정체화한 여성"으로 정의했지만 동성 섹스를 엄명하지는 않았다. 《SCUM 선언문》과 비슷한 묵직한 유머 감각도 있다. "이성애자 페미니스트라는 것은 낮에는 다리를 폭파하고 밤에는 다리를 수리하러 몰려가는, 나치 치하 유럽의 반군 같은 것이다." 이 시기에 제프리스는 TERF 순회 연설마다 첫머리에 이름을 올리며 트랜스 여성 혐오를 일삼았다. 다른 TERF들과 마찬가지로 그녀는 (그녀가 상상하기로) 트랜스 여성이 여성성을 싸구려로 모방하는 일이 애초에 여성들을 종속화하는 해로운 전형들을 재생산한다고 믿는다. 제프리스는 2014년 저서 《젠더는 해롭다Gender Hurts》에서 "남성 편에서 행해지는 트랜스젠더리즘은 여성의 경험과 존재를 강탈하는 것으로 볼 수 있다"고 쓴다. 또한 그녀는 트랜스젠더리즘을 이상성욕으로 분류하는 성과학 문헌을 곧잘 인용한다. 트랜스젠더 여성은 손버릇 나쁜 침입자, 역겨운 관음증자이며 여성 전용 공간에 침투해 군사 역사상 최대의 팬티 탈취 작전을 펼치려는 음모를 세우고 있다는 것도 제프리스 같은 TERF들이 즐겨 하는 주장이다.

나는 이런 말에 기꺼이 동의한다. 옷을 입건 말건 상관없었다는 전설로 남은 미시건 여성 음악 축제Michigan Womyn's Music Festival는 2015년에 트랜스 활동가들의 손에 사망 선고를 받아버렸지만, 만약에 내가 운 좋게 그곳에 갈 수 있었다 해도 음악 때문은 아니었으리라는 쪽에 걱정 말고 버켄스톡을 거시라. 사실, 적어도 레즈비언 사이에서, 트랜스 배제적 래디컬 페미니즘은 동성애 패닉의 여-여 판으로 보는 게 최선일 것이다. 모든 TERF가 은밀히 트랜스 여성에게 끌린다는 말이 아니라—이것이 누구도 인정하고 싶지 않을 만큼은 종종 일어나는 맛깔스런 아이러니임은 틀림없지만—트랜스 배제적 페미니즘이 욕망은 제어할 수 없는 것이라는 정치적 레즈비어니즘의 공포를 물려받았다는 말이다. 미국 상원의원이든 그냥 하원의원이든, 동성애 패닉의 전통적인 주체는 정치적으로 남우세스러운 자신의 욕망에 겁먹은 주체다. 그는 스스로를 지키기 위해 그 욕망을 다른 이에게, 입법을 통해 혹은 물리적 공격gay-bash을 통해 존재를 지워버릴 수 있을 이들에게 투사한다. 정치적 레즈비언 역시 정치와 욕망 사이에서 진퇴양난에 처한 주체다. 2015년에 제프리스가 런던의 레즈비언역사연구회Lesbian History Group에서 말한 대로 정치적 레즈비어니즘은 이성애적 페미니즘이 낳은 너무도 확연한 인지 부조화를 해소하기 위해 고안된 것이다. "온갖 회의에 참석해 이런 멋진 이론과 정책을 만들고는 집에, 제 경우에는 데이브가 기다리는 집에 가서 텔레비전이나 보며 **이상하네**, 뭔가 **이상해** 하고 생각한다면 그게 다 무슨 소용일까요." 하지만 진정한 분리주의는 겨우 남편과 헤어지는 것이 아니다. 편집증적으로 엄격하게, 멀리서라도 가부장제와 연결되는 모든 것을 마음에서 몰아내는 데까지 나아간다. 욕망도 예외가 아니다. 정치적 레즈비어니즘의 근저에는 온도만 충분히 높이면 욕망까지도 녹여버릴 수 있다는 믿음이 깔려 있다. 제프리스와 그 동지들에게 레즈비어니즘은 타고난 정체성이 아니라 정치적 의지의 행사다. 생물학이 곧 운명이 아닌 세계, 레즈비언은 젖는 게 아니라 각성하는 세계였다.

게다가 데이브가 이성애를 좋아했으리라는 보장도 없다. 제프리스는 그녀가 "트랜스젠더들"이라 부르는 우리 중에서도 누군가는 다름이 아니라 그녀가 감옥으로 여기는 이성애를 탈출하기 위해 트랜지션을 택할 수도 있다는 생각은 전혀 못 해본 모양이다. 나 같은 동성애자 트랜스녀보다 더 여성으로 정체화한 여성은 없다는 것이, 베스 엘리엇과 그 자매들은 실은 원조 정치적 레즈비언 조상님이라는 것이 페미니즘 역사 최대의 아이러니다. 삶을 함께했던 남성은 물론 스스로의 남성의 삶도 떠나버린 여성들 아닌가. 우리는 자기 몸에 대해서도 분리주의자다. 세계에 공급되는 남성 생물체를 주기적으로 독살할 만큼 극렬한 투사들이다. 우리는 제프리스 같은 TERF들을 향해 그저 모방만 한 아첨이 또 어딨겠느냐고 말할 뿐이다. 하지만 거시적으로 생각해보자. 제프리스 덕에 1970년대에 몇몇 여성은 머리를 짧게 잘랐다. 우리 덕에 지구상에서 문자 그대로 **남성이 몇 줄었다**. 적어도 발레리는 대견해할 것이다. 성전환자 북클럽 이름치고 남성거세결사단은 좀 거창하지만.

⁙

하지만 이쯤 되면 정말로 과하게 읽는 거다. 트랜스 레즈비언을 일종의 페미니스트 선봉대로 떠받들어야 한다는 말은 매력적이지만, 매력적인 만큼이나 허술한 주장이다. 이를 옹호하려다가는 욕망을 정치적 원칙에 끼워 맞추어봐야 좋은 일은 생기지 않는다는 교훈을 간과하게 된다. 내가 보기에는 정치적 레즈비어니즘이 실패한 기획으로서 남긴 진짜 교훈은 바로 이것이다. 그보다는 고양이 목욕시키기가 더 쉬울 것이다.

욕망에 정치가 낄 자리가 없다는 말은 아니다. 예컨대 연대는 엄청난 흥분을 가져다주기도 한다—이것이 1970년대 의식 고양 단체들이 누린 것 중 가장 좋은 것이라는 점은 분명하다. 하지만 연대를 **표하고자** 여성 동지들과 함께 거리를 행진하거나 봉투를 채울 수는 있어도 [의식적으로] 흥분할 수는 없다. 욕망이란 원래 어린애 같고 통제를 거부한다. 정치적 내용의 올바름을 들먹이며 욕망을 검증하려 하는 순간, 우리는 어떤 욕망은 명령하고 어떤 욕망은 금지하게 된다. 그다음에 이어질 길은 도덕주의뿐이다. 페미니스트 말미잘이 되어 가부장제가 살짝만 닿아도 곧장 욕망의 촉수를 움츠리며 산다고 생각해보라. TV에 볼거리가 하나도 남지 않을 것이다.

오늘날 좌파 가운데 트랜지션이 나타내는 것은 정체성의 진실이 아니라 욕망의 힘이라는 생각에 동의하는 사람이 얼마나 적은지를 말해두어야겠다.

그렇게 생각하려면 트랜스성transness이란 어떤 사람이 누구**인지**의 문제가 아니라 무엇을 **원하는지**의 문제임을 알아야 한다. 정치적 개념으로서—또한 점점 더 법적 개념이 되어가는—젠더 정체성의 1차적인 기능은 우리가 젠더라고 부르는 것에 있어 욕망의 역할을, 완전히 부정하지까지는 않더라도, 괄호 속에 넣는 것이다. 역사적으로 이는 트랜스, 특히 트랜스 여성이 **무언가를 차지하기 위해**, 돈이나 섹스, 법적 특권, 공중화장실의 어린 여자아이를 차지하기 위해 트랜지션을 한다는 두려움을 불식시키고자 했던 트랜스젠더 옹호자들의 소망에서 비롯되었다. 정치이론가 페이즐리 커라Paisley Currah가 곧 출간할 책에서 말하는 대로,* 국가는 성별 재분류를 통해 개개인이 얻는 것이 아무것도 없을 때 훨씬 기꺼이 이를 인정한다. 2002년에 캔자스 대법원은 어느 성전환 여성과 이미 고인이 된 시스젠더 남편의 결혼을 무효로 선언했다. 그녀는 2천5백만 달러의 유산을 받게 될 예정이었다. 캔자스주는 동성결혼을 금하므로 이들의 혼인은 효력이 없다는 논리였다. 위스콘신주에서 발급한

* Paisley Currah, *Sex Is as Sex Does: Governing Transgender Identity*, NYU Press, 2022.

이 여성의 출생증명서에 적힌 성별은 이미 남성에서 여성으로 바뀌어 있었으나 이를 통해 그녀가 돈을 받으려 하자 아무 쓸모가 없어진 것이다.

그녀가 부자가 되려고 트랜지션을 했다는 말이 아니다. 이렇게 말하고 싶은 것이다. **만약에 그랬다면 뭐 어쩔 건데?** 추상적인, 학술적인 의미에서 오직 여성"이고be" 싶어서 트랜지션을 하는 사람이 과연 있을까 궁금하다. 확실히 나는 그렇지 않았다. 뒷담화와 칭찬과 립스틱과 마스카라를 위해, 영화관에서 울기 위해, 누군가의 여자친구가 되기 위해, 그녀가 내게 밥을 사주고 가방을 들어줄 수 있도록, 은행원이나 인터넷 설치 기사에게 호의적인 차별을 받기 위해, 멀리 사는 여자 친구들과 전화로 다정함을 나누기 위해, 두 죄수 사이에 매달린 예수처럼 화장실에 서서 화장을 고치기 위해, 섹스토이를 위해, 섹시해 보이고 싶어서, 부치들이 수작 거는 게 좋아서, 어느 다이크를 조심해야 하는가 하는 비밀을 알고 싶어서, 핫팬츠나 비키니 같은 게 입고 싶어서, 그리고, 세상에나, **가슴을 갖고 싶어서** 트랜지션을 했다. 이제 욕망의 문제가 뭔지 감이 올 것이다. 우리가 원해 마땅한 것을 원하는 경우는 거의 없다. TERF들은 하나같이 저런 것들은 가부장제적 여성성의 전통적인 상징이라고 말할 것이다. 틀린 말은 아니다. 분명히 해두자. 그들의 페지론이 흔해빠진 도덕적 혐오감의 일환일 뿐이라고 할지라도 TERF는 젠더 폐지론자다. 페미니즘 혁명에 있어서 TERF들은 몸치장이나 하는 나보다 훨씬 앞서 있다. 래디컬 페미니스트를 자처하며 억압 체제로서의 젠더를 해체하는 혁명에 투신한 이들이 구시대의 유물이 아니다. 2주에 한 번씩 눈썹을 미는 내가 바로 구시대의 유물이다.

어쩌면 내게 의식 고양이 필요하려나. 모른 체하기로 한다. 항공사에서 짐 가방을 잃어버렸다고 사유재산의 횡포에 관한 엄중한 성명을 쓰지는 않을 것이다. 그저 망할 가방을 되찾고 싶을 뿐이다. 이것은 아랫도리 수술에서 더없이 뼈아프게 드러난다. 여기에는 운 좋게도 겹치는 접두사와 그 힘을 가져다가 트랜스젠더를 위반transgression 정치의 마스코트로 삼는 데 아무런 거침도 없는 일군의 퀴어 이론가들이 꼬인다. 요즘으로 말하자면, 질을 가져야 진짜 여성이 될 수 있다는 믿음은 극도로 퇴보적이다. 많은 훌륭한 페미니스트들이 여전히 아랫도리 수술을 중요하게 여기지만 반드시 개인적인 미적 선택이라는 단서를 단다. 그렇게

해서 자기 몸을 좀 더 편안하게 느낄 수 있다면 좋은 일이죠. 오만한 동시에 틀려먹은 말이다. 젠더 확정 수술이 미적인 목적이라는 것, 소위 미용 수술과 분명히 구분된다기보다는 연속선상에 있다는 것은 분명하다. (수술실에 들어가며 못생긴 보지를 만들어 달라고 하는 사람은 없다.) 미적인 결정이라는 말이 아니라 **개인적**이라는 말이 문제다. 이것은 미적 판단의 근본적인 역설이다. 미적 판단은 주관적이면서도 보편적이다. 성전환 여성이 아랫도리 수술을 원하는 것은 개인적으로 질이 음경보다 모양이나 느낌이 더 나아서가 아니다. 성전환 여성이 아랫도리 수술을 원하는 것은 **대부분의 여성이 질을 갖고 있기** 때문이다. 트랜스혐오라 말해도 좋다—그래봐야 좆을 까뒤집으려는 나를 막을 수는 없다.

좀 과격하게 말하고 있다. 특히 공적으로는, 특히 정치적이라는 기분을 내고 싶을 때에는, 누구도 좀처럼 감히 말하지 않는 것을 독자 여러분에게 말하려는 중이기 때문이다. 많은 트랜스 여성이 자신이 시스 여성이었더라면 하고 바란다는, 그 삶을 사는 이들에게는 지루하지만치 당연한 사실이 아니라 더 음습하고 더 어려운 사실, 많은 트랜스 여성은 **자신이 여성이었더라면 하고 바라며 그게 다라는** 사실 말이다. 물론 이것은 트랜스 여성에게 기대되는 바가 아니다. 현대의 트랜스 운동 문법은 가정법을 용납하지 않는다. 트랜스 여성은 여성**이다**, 라고 따스하게 생색을 내며 우리를 꾸짖는다. 마치 우리가 자기가 치마만다 응고지 아디치에Chimamanda Ngozi Adichie인 줄 안다는 듯이, 우리가 다 잘못된 정치학에 사로잡혀 있다는 듯이, 디스포리아를 낫게 할 약은 바로 각성이라는 듯이. 이미 그 무언가라면 어떻게 그것을 원할 수 있겠는가? 욕망은 결핍을 함의한다. 욕구want는 욕구를 함의한다. 나 같은 여성을 성전환자로 만드는 것은 정체성이 아니라 욕망이라는 것을 인정하는 일은 트랜지션의 상당 부분이 위시리스트에서 벌어지는 것임을 인정하는 일, 끝내 가슴이 생기지 않을 수도, 결국 목소리가 패싱되지 않을 수도, 부모가 다시는 전화하지 않을 수도 있음을 인정하는 일이다.

이것을 실망의 로맨스라 불러보기로 하자. 당신은 무언가를 원한다. 당신이 원하는 것을 줄 어떤 대상을 찾아냈다. 특정한 사람일 수도, 정치학일 수도, 예술 형식일 수도, 딱 맞는 블라우스일 수도 있다. 당신은 그 대상에 애착을 가지고서 따라다니고 들고 다니고 TV에서 본다. 어느 날에는 그것이 당신이 원하는 것을 주리라고 스스로에게 말한다. 어느 날에는 그렇지 않다. 어느덧 어쩌면 그 대상이 결코 당신이 원하는 것을 주지 않을지도 모른다는 생각이 덮쳐온다. 하지만 진짜 실망스러운 일은 이것이 아니다. 그다음 국면이야말로, 아무 일도 일어나지 않는다는 사실이야말로 실망스럽다. 당신은 그 대상을 간직한다. 계속 따라다니고 서랍에 넣어두고 물을 주고 말을 붙인다. 그것은 여전히 당신이 원하는 것을 주지 않는다—여기까지는 이미 알고 있던 일이다. 새로운 깨달음을 얻는다. 원하는 것을 가질 수 없어도 그것을 원하는 마음은 가시지 않는다는 것. 잘 알게 된다고 해서 상황이 나아지는 것은 아니다. 원하면 가질 수 있을 것이기에 원하는 것이 아니다. 원하기에 원하는 것이다. 이 근본적이고 변함없는 실망이 그 모든 욕망을 구조 짓고 가능케 한다. 확실하게 얻을 수 있는 것만을 원한다면, 결국은 아무것도 원하지 못할 것이다.

나 같은 젠더들trannies을 긍휼해달라는 것은 아니다. 우리 머리맡에도 장미는 충분히 있다. 트랜스 여성도 무언가를 원한다는 별것 아닌 이야기다. 우리의 욕망은 여느 사람만큼 깊고 조밀하다.

우리의 욕구는 놀라우리만치 다채롭다. 커밍아웃이 누군가에게 반하는 듯한 느낌인 것은, 처음 입어본 드레스가 첫 키스 같은 느낌인 것은, 디스포리아가 심장마비 같은 느낌인 것은 아마도 그래서다. 실망의 다른 이름은 필시 사랑이다.

해제

“쓰라린 낙관주의”*, 혹은 우리를 실망시킬 뿐인 아무것도 못 될 미달의 존재들과 함께 앉아 있는 법을 배우기

시각문화비평가 이연숙(리타)

안드레아 롱 추의 《피메일스》는 2019년 저명한 좌파 출판사인 ‘버소Verso’에서 출간되자마자 뜨거운 논쟁을 불러온 책이다. 그와 그의 책에 대한 가장 노골적이고 직설적인 반응은 아마존의 별 한 개짜리 리뷰에서 쉽게 찾아볼 수 있다. MTF 트랜스젠더인 롱 추 자신의 ‘씨시 포르노’에 대한 중독적인 경험을 다룬 내용은 물론이고 언뜻 내재화된 여성혐오를 재생산하고 있는 것처럼 보이는 구절들을 토막토막 잘라 인용하고 있는 분노에 찬 수백 건의 리뷰들을 보고 있자면, 정말이지 롱 추가 타고난 싸움꾼임을 인정하지 않을 수 없다. 책이 출간되기

* Andrea Long Chu, Emmett Harsin Drager, “After Trans Studies”, *TSQ*, Volume 6, Issue 1, 2019, 105.

전부터 동시대 퀴어-페미니즘의 피 튀기는 전장인 텀블러와 트위터 등지에서 맹약을 펼쳐온 그는 2018년 한 인터뷰에서 "사실 더 많은 TERF(트랜스 배제적 페미니스트)들의 혐오를 기대했다"* 고 농담하기도 했다.

이 같은 롱 추의 호전성은 《피메일스》에 앞서 출판된 인터뷰 형식의 공동 논문인 〈트랜스 연구 이후After Trans Studies〉라는 글에서도 노골적으로 드러난다. 작가이자 비평가, 트랜스 연구자기도 한 그의 글은 다음과 같은 문장으로 호기롭게 출발한다. "인정하자. 트랜스 연구는 끝장났다. 그렇지 않다면, 그래야만 한다." 사실 그의 이러한 단언은 "퀴어 이론의 사악한 쌍둥이"도 못 되는, "페미니즘이라는 자궁에서 이미 퀴어 이론에게 먹어치워진 쌍둥이"** 인 '트랜스 연구'의 위상을 폭로하는 고의적인 '어그로'의 관점에서 이해할 필요가 있다. 이듬해 해당 논문이 실린 권위 있는

*

Andrea Long Chu, Anastasia Berg, "Wanting Bad Things: Andrea Long Chu responds to Amia Srinivasan", *The Point*, 2018. https://thepointmag.com/dialogue/wanting-bad-things-andrea-long-chu-responds-amia-srinivasan/ 이 인터뷰에서 언급되는 아미아 스리니바산의 글은 《섹스할 권리(The Right to Sex)》(김수민 옮김, 창비, 2022)에 동명의 제목으로 실려 있다. 이 인터뷰의 한국어 번역은 다음 '소스충' 님의 블로그를 참조했다.
https://blog.naver.com/yangaen9/222828159111

**

"After Trans Studies", 103.

학술지인 《계간 트랜스젠더 연구Transgender Studies Quarterly》에서는 그런 그의 '어그로'를 생산적으로 전유하며—무엇보다 롱 추의 글이 그해, TSQ가 소속된 듀크대학교에서 발행한 전체 논문들 중에서 가장 많이 읽힌 상위 10위권의 업적을 달성했음을 인정하며***—"안드레아 롱 추 이후After Andrea Long Chu"라는 특집을 마련하기도 했다. 왜곡과 날조, 인신공격과 무차별적 불링이 일어나는 인터넷의 '무규칙 배틀'뿐만 아니라, 학술지라는 무대 위에서 벌어지는 동료 퀴어·트랜스 연구자들 간의 '격식을 차린' 언쟁에서도 롱 추는 시종일관 "슬픈 트랜스 여자애Sad Trans Girl"****로서의 스타일을 잊지 않는다.

이러한 맥락에서 보자면 《피메일스》는 책인 동시에 일종의 잠재적인 폭발물로서 기능하게 될 자신의 미래를 이미 예견하고 있었는지도 모르겠다—발레리 솔라나스의 《SCUM 선언문》이 그랬던 것처럼. 그렇다고 해서 그에게 가해진 TERF들의 비난이 감당할 만했다는 소리는 아니다. 다만 누구나 '농담'처럼 받아들였지만 그 자신은

***
Susan Stryker, "Introduction", *TSQ*, Volume 7, Issue 3, 2020, 299.

****
롱 추의 자기소개에서 따온 말.

"죽도록 진지"*했던 발레리 솔라나스의 메시지를 문자 그대로 받아들이기로 작정한, 그래서 자신이 그의 진정한 '적자'임을 자칭할 수 있는 누군가가 원했던 결말이 있다면, 그것은 결코 '해피 엔딩' 따위가 아니었을 거란 소리다. 오히려 《피메일스》는 발레리 솔라나스가 《SCUM 선언문》에서 보여준 격렬한 양가감정과 그로 인한 혼란스러움을, 무엇보다 그것의 공격성을 충실하게 계승한다. 물론 둘 사이에는 약간의 차이가 있다. 롱 추의 우상인, 과격한 '사회 운동가'이자 반反페미니스트, 레즈비언이자 창녀, 범죄자이자 급진적 예술가였던 발레리 솔라나스가 자신의 행동주의를 "어둠 속의 단도"(실제로는 총이었지만)에 비유했다면, 《피메일스》는 바로 그 단도를 때로 자신에게도 겨누는 것처럼 보이기 때문이다. 그것이 시늉인지 진심인지, 딱 헷갈릴 만한 수준까지만.

그런데 누군가를 헷갈리게 만드는 일—유구하게 '퀴어'들의 주종목이었던—이 과연 '문제'일 수 있을까? 적어도 헷갈리고 싶지 않은 사람들에게는 그럴 것이다. 확실히 《피메일스》의 제목은 누군가를

*

위키백과, "밸러리 솔라나스", https://ko.wikipedia.org/wiki/%EB%B0%B8%EB%9F%AC%EB%A6%AC_%EC%86%94%EB%9D%BC%EB%82%98%EC%8A%A4

헷갈리게 할 전략으로서 채택된 것처럼 보인다. 온건하게는 '여자들', 도발적으로는 '암컷들'로 번역될 수 있을 만한 《피메일스》라는 제목이 풍기는 날것의 냄새는, 한편으로는 서구의 2세대 페미니즘이 주된 골자로 삼았던 남성과는 다른 '여성의 몸'에 대한 본질주의적 관심을 상기시킨다. 이 몸은 주로 삽입'당하고' 피 흘리고 임신하는 순수하고 단일한 몸으로서 상상되어 왔다. 발레리 솔라나스의 《SCUM 선언문》은 물론이고, 롱 추가 인용한 캐서린 맥키넌의 악명 높은 "주어[남자]가 대상[여자]을 동사[삽입]한다"는 문장은 바로 이러한 급진적인 페미니즘의 맥동 속에서 출현한 것이다. 물론—최대한 관대하게 독해하자면—동시대 젊은 페미니스트들의 적지 않은 지분을 차지하는 TERF들 역시 몇몇 급진주의의 '선배'들과 이상을 같이할 것이고 말이다.

다른 한편으로 '암컷들'은 남성과의 동등한 권리를 위해 투쟁하는 페미니스트 주체인 '여성Women'과 거리를 두면서, 그것 미만인 채로 머물기를 택하는 반사회적이고 부정적인 존재들을 특권화하는 비평적인 범주처럼 보인다. 이러한 관점에서 진정한 '암컷들'은 발레리 솔라나스이자

〈돈 존〉의 포르노 중독자고, “멍청한 금발” 지지 고저스이자 금욕주의적인 인셀들이고, 무엇보다 안드레아 롱 추 자신이다. 사실 왜 이런—넘치는 동지애를 가지고 말하자면—‘패배자Loser’들의 새로운 이름이 하필이면 ‘암컷’이어야 하는지는 분명하지 않다. 특히 지난 수십 년간 “미래 없음No Future”의 긍지와 자본주의에 대한 저항으로서의 실패, 미학적인 경험으로서의 마조히즘과 정치적 자원으로서의 수동적인 슬픔에 대해서 말해온 퀴어 부정성의 이론들을 생각하자면 더욱 그렇다. 더군다나, 《피메일스》 전반에서 활약하는 지젝식의 변증법에서도 쉽게 떠올릴 수 있듯이, 여성성을 ‘공백’과 같은 부정성과 연결 짓는 관점은 분명 정신분석학을 비판적으로 수용해온 페미니즘 이론의 공적功績이기도 하다. 여성적인 존재들은 ‘공백’이라는 절대적 무無를 상대하는 방식으로만 말하는 주체로서 세상에 드러날 수 있기에, 보다 ‘진정한’ 실존적인 주체에 가깝다는 것이 이들의 주된 논지다.

이들과 롱 추는 얼핏 여성혐오라는 현상을 환영하는 것처럼 보인다는 점에서, 그리고 여성성을 “해부학적 혹은 유전자적 특질”과 연결 짓지 않는다는 점에서도 비슷한 처지에 놓인 것처럼 보인다. 그럼에도 불구하고, 롱 추의 《피메일스》는 끝끝내 한 줌의 긍정적인 가치도 '여성성' 또는 '암컷들'에 부여하기를 거부한다. 왜일까? 계속 이런 식이라면, (사실 우리 모두이자 우리 모두가 싫어하는) 잠재적 '암컷들'이 자발적으로 나서 진짜 '암컷들'로 '각성'할 가능성이 현저하게 줄어들 텐데 말이다. 비록 롱 추가 이 책의 대부분을 할애해 변호조차 불가능한 '찐따'들을 '암컷화 feminize'함으로써 발레리 솔라나스의 과업이기도 했던 '남자라는 성의 완전한 절멸'을 나름의 방식으로 실천하고 있다고 해도, 좀 더 구미가 당길 만한 방식으로 "홍보"할 수는 없었던 것일까? 대신에 롱 추는 자기 자신을 포함한 각각의 '암컷들'을 철저히 고립된 (자기)혐오의 구덩이에 밀어 넣으며, 마치 누가 이 끔찍한 이름을 물려받고 싶어하는지를 시험하는 데에만 관심이 있는 것처럼 군다. 어떤 혈기왕성한 TERF가, 또는 어떤 비뚤어진 퀴어가 아무런 유산도 없는 '암컷'의 왕관을 수여받을 것인가? 어차피 롱 추에게 있어 '암컷화'의 거부는 곧 '암컷임'의 증거일 뿐이겠지만 말이다. 사실 이러한 순환논법은 꽤 악취미다. 롱 추 자신이 누구보다 알고 있듯이, 도착적인 것이 반드시 전복적인 것은 아니지 않은가?

이처럼 오직 "(자기)혐오라는 나르시시즘의 한 형태"에만 속하기를 고집하는 《피메일스》의 자기 유폐적인 태도는, (특히 '암컷'이 아닌) 우리 중 대부분을 시험에 빠지게 할뿐더러 심지어는 위험해 보이기까지 한다. 이러한 인상은 《피메일스》가 반복하는 "모든 사람은 여자다—그리고 모든 사람은 이를 싫어한다"는 논지만큼이나 그것의 가벼운 말투tone로부터 기인한다.* 과장하고, 비약하고, 단언하고, 거부하고, 비꼬고, 농담하는 《피메일스》의 수사학적 궤변 또는 "우스갯소리"는 종종 책임 회피적인 혼잣말로 끝맺어지곤 한다. 요컨대 '아니면 말고'라는 식이다. 일견 독자들에게 무한한 자유를 열어주는 듯이 보이는 이러한 결론은 기실 그들에 대한 철저한 무관심을 의미한다. 구구절절한 협상과 설득의 자리를 대신하는 것은 '트위터'식의 짧고 날카로운 경구들이다. 빈틈없는 자기 논리를 축적하는 것보다 톡

*
아래 두 편의 글에서도 롱 추의 '말투'는 비판의 대상이다.
Kay Gabriel, "The Limits of the Bit", *Los Angeles Review of Books*, 2019. https://lareviewofbooks.org/article/the-limits-of-the-bit/
Jack Halberstam, "Nice Trannies", *TSQ*, Volume 7, Issue 3, 2020.

쏘는 감정을 불러일으키는 '말장난'에 더 큰 관심을 두는 롱 추는, 이런 이유로 《피메일스》는 물론이고 자기 자신에게도 전혀 진지하지 않은 것처럼 보인다. 그가 더없이 사적이고, 복잡하고, '곤란한' 이슈들을 몇 개의 문장들로 단숨에 '암컷화'시켜버릴 때가 특히 그렇다. 《피메일스》 속에서, 트랜스젠더들을 비난하기 위해 동원되는 구식 병리학의 이론들과 반포르노 페미니스트들이 즐겨 동원하던 구호들은 적극적인 비판의 대상이 되기보다 외려 롱 추와 기이한 합의점을 도출하는 것처럼 보인다. 마찬가지로 동시대의 여성혐오와 인종차별의 "깨어 있는" 선봉을 참칭하는 우파 인셀들과 (롱 추 자신의 과거기도 한) 구제불능의 포르노 중독자들은 아직 각성하지 못했을 뿐인 어리석고 불쌍한 '계집애'들로써 유용하게 구제된다.

이 같은 '나쁜' 예시들이 지금까지 페미니즘·퀴어·트랜스 정치와 비평에서 '공공의 적'으로, 언급할 가치도 없는 '쓰레기'들로 간주되어온 역사적 맥락을 고려할 때, 《피메일스》는 얼핏 '말장난'에 심취해 '피아 식별'에 실패하는 것처럼 보인다. 《피메일스》에서는 '말장난'이 정치를, 역사를, "기껏해야 따분하기 그지없는"

삶을 능가한다. 물론 이것이 새로운 사실은 아니다. 발레리 솔라나스를 따라, "지금 당신이 읽고 있는 것도 페미니즘 문헌인지 어떤지 나는 잘 모르겠다"고, 롱 추가 미리 경고했기 때문이다. 그럼에도 불구하고《피메일스》가 단지 혼란을 증식하기 위해, (자기)혐오를 가속하기 위해, '말장난'을 치기 위해서'만' 우리에게 도착했다고 말하기는 힘들 것 같다. 이는 단지 내가《피메일스》의 기반을 이루는 수동 공격성을 무시 또는 '포용'할 수 있는 관점을 갖추고 있어서가 아니다. 그러한 관점과 무관하게《피메일스》가 표시하는 것은, 어떻게 해도 듣기 좋은 말로 포장할 수 없는 찌꺼기들의 자리다. 롱 추는 그러한 '찌꺼기됨'에, '암컷됨'에 정당한 자긍심을 느끼려는 모든 '긍정적인' 시도를 '암컷보다 더 나은 성이 존재한다'는 헛된 믿음이자 정치적 낙관주의로 수렴시킨다. 이처럼 긍정적인 또는 '대안적인' 삶의 양식이 부재한 자리에는 오직 (자기)혐오를 동반한 거대한 실망만이 자리한다. 그 자리는, "생산적일 수 없는 방해"들이 결코 그럴싸한 정치적인 "저항"* 따위는 못 되는 방식으로만 존재하는 곳이다.

*
"Wanting Bad Things: Andrea Long Chu responds to Amia Srinivasan".

비평적 글쓰기가 곧장 정치적 실천으로 이어진다는 믿음에 개입하며, 그는 자신의 작업을 "우리를 실망시키는 대상과 앉아" 있기를 택하는, 그럼으로써 "실망하기를 배우는 비평"이라고 소개한다.**

더 나아지리라는 정치적 낙관주의로부터 도태되거나 버려진 '나쁜' 대상들과 머물기를 택하는 롱 추의 작업은 확실히 부드럽게 씹어 삼키기는 힘든 무엇이다. 이것은 단순히 한계 없는 바닥을 지향하는, '나쁜' 취향에 불과하는 것처럼 여겨질 수도 있다. 앞서 소개한 공동 논문에서 롱 추는 공동 저자인 에밋 하신 드래거의 "트랜스 비꼬기Trans Satire" 장르의 언급을 이어받아, 다음과 같이 말한다.

> 트랜스 비꼬기는, 분명 독립적인 방법론으로서의 잠재력이 있어요. [비극과 희극이라는 한정된 퀴어·트랜스 서사가 지배적이라는 이유로] 서사 자체를 거부하지 않으면서(물론 그것이 불가능하지만), 낙관주의 없이 쓰는 법을 배우거나, 또는 희망 없이 낙관하기를 배우는 거죠. (중략) 아마도

**
위 글과 같음.

내가 말하려는 건, 정치적인 낙관주의 없이
쓰기, 즉 정치적이라는 기호 아래 있는 모든
낙관주의적인 애착이 없는 채로 쓰는 거죠. 이걸
'쓰라린 낙관주의bitter optimism'라 불러봅시다.
내게 쓰라림은 우리가 여기서 상상한 트랜스
비꼬기의 일차적인 비평적 정동을 가리키는
정확한 단어처럼 느껴져요. 쓰라림이 느껴지지
않을 때까지 그것의 농도를 조절하는 방식인
냉소주의가 아니라요. 진짜 쓰라림은, 우리
모두의 욕망, 특히 정치적인 욕망을 담기에
세상이 너무 작다는 것을 발견하는 격렬한
실망이죠.*

과연 우리는 "트랜스 비꼬기"의 정신인, "쓰라린 낙관주의"로 무엇을 할 수 있을까? 즉시 그것의 쓸모를 묻는 이런 질문에, 롱 추는 아마도 그런 것 따위는 없다고 대답할 것 같다. 우리를 실망시키는 대상과 함께 앉아 있는 법을 배운다는 것은, 곧장 그러한 대상으로부터 정치적인 쓸모를 추출하는 판에 박힌 비평적인 태도를 포기한다는 뜻이기

*
"After Trans Studies", 105–106.

때문이다. 낙관주의가 제공하는 환상을 거부하고 꿋꿋이 복구 불가능한 실망의 자리에 남는다는 것은 결국 어떤 의미에서 살 만한 삶을 포기하는 것과 마찬가지다. 삶 대신 실망을 택하기. 나는 안다, 얼마나 그것이 불가능하고 그러므로 발레리 솔라나스와 마찬가지로 위대함을 품고 있는지. 결국 이 글 전부는 징그러울만치 매력적인 '나쁜' 책, 《피메일스》가 건넨 제안으로부터 전력을 다해 달아난 기록일 뿐이다.

옮긴이의 말

TERF에 관한 글 하나를 쓰지 않고 한참 미루고 있던 중에 이 책을 받아 들었다. 안드레아 롱 추가 이 책보다 조금 앞서 발표한 〈내 새로운 보지는 날 행복하게 만들어주지 않는다(그럴 필요도 없다)〉*를 피식대며 읽은 참이기도 했다. 써야 할 글을 제쳐 두고 번역을 시작했다. 이제 더는 미룰 시간이 남지 않은 그 글은 여전히 쓰지 못했다. 이 책이 아무 단서도 주지 못해서는 아니다. 그저 내가 롱 추 같은 싸움꾼은—혹은 코미디언은—못 되어서다.

트랜스젠더나 퀴어에 대해 내가 종종 써온 글들은 아마도 롱 추와는 대척점에 있는 "운 좋게도 겹치는 접두사와 그 힘을 가져다가 트랜스젠더를 위반transgression 정치의 마스코트로 삼는 데 아무런 거침도 없는" 쪽에 속할 것이다. 최근 몇 년간 (트랜스)젠더에 대해 친구들과 나눈 말의 대부분은 '요새는 젠더 정체성에 그다지

*
Andrea Long Chu, "My New Vagina Won't Make Me Happy And it shouldn't have to," *The New York Times*, 2018.11.24. https://www.nytimes.com/2018/11/24/opinion/sunday/vaginoplasty-transgender-medicine.html. 제목은 https://blog.naver.com/yangaen9/222620144911의 번역을 따랐다.

관심이 없다'거나 '젠더는 자신이 정하는 게 아닌데 스스로 무어라고 떠들고 다녀도 그게 다 무슨 소용이겠냐'는 식이었으므로 굳이 아무런 거침도 없다는 말을 붙인다면 그건 센 척에 가깝지만 말이다.

이런저런 거침 속에서도 이따금은 습관적으로, 이따금은 숙고 끝에 트랜스젠더를 위반 정치의 마스코트로 내세운 것은 역설적이게도 내게 온갖 문장들의 결론이 바로 저런 말들이기 때문이다. 내게는 끝내 확실한 것은 말할 수 없다는 사실, 실패만이 예정되어 있는 (말)싸움이라는 사실이 트랜스젠더의 위반적인 힘을 가리키는 징표다. 트랜스젠더에게 혹은 트랜스젠더를 둘러싼 말들에 무언가 힘이 있다면, 그것은 트랜지션이라는 (비)행위의 힘이기보다는 질 것이 뻔한 싸움을 구태여 계속하는 태도의, 결국에는 나도 나를 모른다는 말밖에는 남지 않을 탐색을 포기하지 않는 태도의 힘이리라고 믿는다.

TERF를 들여다보며 제일 자주 하는 생각은 이를테면 성정치의 층위에서 누가 억압자고 누가 피억압자인지, 혹은 어떤 구조나 특정 구조의 어떤 속성이 억압적인지 같은 것이 아니라 그런 것들에 대해 답을 내릴 수 있다는 그들의 믿음이

어디에서 비롯되는가 하는 것이다. 어떤 행위를, 때로는 어떤 존재를 억압과 피억압 두 개의 항으로 깔끔하게 분류할 수 있다는 믿음, 더 깊이는 둘 중 하나에 기여하는 어떤 존재의 정체를 분명하게 지목할 수 있다는 믿음. 아직 글을 쓸 만큼 생각하지 않았으므로 그저 경솔한 말이 될지도 모르지만 적어도 지금까지는 그 믿음을 지지하는 그럴싸한 근거는 찾지 못했다. 다만 그렇게 믿을 수밖에 없게 만드는, 불가피한 요구 혹은 불안만을 감지하고 있다.

사태가 분명하다고, 또한 우리가 그것을 분명히 식별할 수 있다고 믿는 것은 아무래도 분명하지 않은 것을 견디지 못하기 때문인 듯 보였다는 뜻이다. 불확실한 것을 견딜 수 없기에 확실한 것을 갈구하게 되고, 확실한 것이 필요하기에 확실한 것이 있다고 믿게 된다. 물론 이러한 불안을 자아내는 것은 적어도 한편으로는 이 세계가 가하는 위협일 것이다. 사회적인 지위, 삶의 질, 종종 문자 그대로의 생명에까지 가해지는 위협 앞에서 확실한 무언가를 찾는 것은 이상하지 않다. 그것은 어쩌면 자신의 자리를 확인하는 근거이자 이 세계를 이해하는 지렛점이 되어줄 것이다. 하지만 동시에, 확실한 것에 매달릴 때 해석의 여지는 사라진다.

자신의 자리도, 세계를 이해할 여지도 줄어들고 만다. "확실하게 얻을 수 있을 것만을 원한다면, 결국은 아무것도 원하지 못할 것이다"라는 롱 추의 말을 층위를 바꾸어 여기에도 똑같이 적용할 수 있다. 확실하게 알 수 있을 방식으로만 알고자 한다면 결국은 아무것도 알지 못하게 될 것이다. 아무것도 알지 못하므로 아무것도 바꾸지 못하게 될 것이다. 이 세계에서 확실하게 주어진 것—성별은 둘이며 믿을 것은 자신의 능력과 돈뿐이고 하는 등등의—너머에는 이르지 못하리라. 결국, 알 수 없을 것들, 내 가장 확실한 감각마저 무너뜨리는 것들을 이야기함으로써만 자리를 옮기고 구도를 바꿀 수 있는 게 아닐까.

"다른 누군가가 당신 대신 당신의 삶을 살게 하는 것이야말로 젠더의 핵심"이라면, "성전환 여성이 아랫도리 수술을 원하는 것은 개인적으로 질이 음경보다 모양이나 느낌이 더 나아서가 아니라 대부분의 여성이 질을 갖고 있기 때문"이라면, 트랜스는 이 세계에 대한 위반이 아니라 그저 자기 자신에 대한 위반—어떤 이들의 말을 빌리자면 아예 자해나 자학—이다. 그러나 나 하나도 무너뜨리지 못한다면 세계를 무너뜨릴 수 있을 리 만무하다.

세계가 무너지지 않는다면 무너질 운명인 내게 자리가 있을 리 만무하다. 주인 모를 욕망에 기꺼이 뛰어들고 종착점 모를 여정에 기꺼이 나섬으로써, 그리고 그에 수반되는 양가감정과 죄책감을 해소하기보다는 끈질기게 붙듦으로써 저 자학과 자해의 위반은, 여전히 나를 놓아주지는 않는다 하여도, 세계를 향해 조금은 방향을 틀 것이다.

한참을 읽고도 원래 자리로 돌아왔으니 어쩌면 썩 좋은 독자는 아닐 것이다. 그러나 종종 그가 상기시키는 죄책감들에 불편한 맘으로, 또 종종 내게는 없는 그의 유머와 결기에 실없이 웃으며 읽었다. 충분히 미끄러지지는 못했어도 매료되지 않기는 어려웠다. 역자로서는, 내 해석을 더하기보다는 이 소란스럽고 굴곡진 텍스트의 표면에 독자가 쉽게 내려앉을 수 있게, 그래서 곧장 어디엔가로 미끄러져 나갈 수 있게 하고자 했다. 그럼에도 어딘가 걸리는 데가, 혹은 기대만큼 소란스럽지는 않은 데가 있을 것이다. 하는 말에 비해 고루하거나 맥 빠지는 문장들이 있다면 대개는 '내가 롱 추 같은 싸움꾼은—혹은 코미디언은—못 되어서' 옮기는 중에 뜻하지 않게 퇴색된 탓이다. '여자'를 가리키는 말이든 퀴어 커뮤니티 고유의 용례가 있는 말이든, 원어의 뉘앙스를 살리면 좀 더 재미있게 읽을 수 있을지도 모를 몇 가지 속어나 은어 같은 것들은 전반적인 읽기의 흐름을 위해 일부러 누르기도 했다. 그렇게 깎여 나간 것들을 되살리는 데에 곽선희 편집자가 많은 수고를 해주었다. "우스갯소리에 진심"일 줄 아는 빼어난 독자라면 나보다도 훨씬 즐겁고 유용하게 읽을 수 있을 것이다. 오역이든 고집이든 책에 남았을 나의 흔적들이 그런 독자에게 너무 큰 방해가 되지는 않기를, 이 책이 가져다줄 속절없는 실망과 곤란이 그들에게서 충분히 힘을 발하기를 바란다.

박종주

출처

1
Valerie Solanas, *Up Your Ass* (unpublished manuscript; Pittsburgh: Andy Warhol Museum Archives, 1965), 18.

2
Breanne Fahs, *Valerie Solanas: The Defiant Life of the Woman Who Wrote SCUM (and Shot Andy Warhol)* (New York: The Feminist Press, 2014), 118–19.

3
Solanas, *Up Your Ass*, n.p.

4
위 극본, 1.

5
Fahs, *Valerie Solanas*, 42–44.

6
Solanas, *Up Your Ass*, 18.

7
Valerie Solanas, *SCUM Manifesto*(London: Verso, 2004), 68–69. [한우리 옮김, 〈남성거세결사단 선언문〉, 《페미니즘 선언》, 현실문화, 2016] [브리앤 파스 엮음, 양효실 · 이라영 · 이진실 · 한우리 · 황미요조 옮김, 〈SCUM 선언문〉, 《우리는 다 태워버릴 것이다》, 바다출판사, 2021]

8
위의 책, 35.

9
위의 책, 37.

10
위의 책, 38.

11
Solanas, *Up Your Ass*, 24.

12
Solanas, *SCUM Manifesto*, 57.

13
위의 책, 70.

14
위의 책, 68.

15
Fahs, *Valerie Solanas*, 69–70.

16
Solanas, *SCUM Manifesto*, 74.

17
Solanas, *Up Your Ass*, 1.

18
Fahs, *Valerie Solanas*, 300.

19
Solanas, *SCUM Manifesto*, 76.

20
Solanas, *Up Your Ass*, 18.

21
위 극본, 12.

22
John Logan, Red (London: Oberon, 2009), 54

23
Solanas, *Up Your Ass*, 2.

24
Maurice Girodias, preface, in *SCUM Manifesto*, Valerie Solanas (New York: Olympia Press, 1970), xi.

25
Fahs, *Valerie Solanas*, 34.

26
위의 책, 35.

27
위의 책, 34.

28

Vivian Gornick, introduction, in *SCUM Manifesto*, Valerie Solanas (New York: Olympia Press, 1970), xv.

29

Fahs, *Valerie Solanas*, 153.

30

Solanas, *Up Your Ass*, 14.

31

Sigmund Freud, *The Standard Edition of the Complete Works of Sigmund Freud*, 24 vols, ed. and trans. James Strachey (London: Hogarth Press, 1953–74), 7:195n2. [(1917년판) 임홍빈 외 옮김, 《프로이트 전집(개정판)》, 열린책들, 2020]

32

Freud, *Standard Edition*, 22:118.

33

위의 책, 22:125.

34

Shulamith Firestone, *The Dialectic of Sex: The Case for Feminist Revolution* (New York: Quill, 1970), 57. [김미예숙·유숙열 옮김, 《성의 변증법》, 꾸리에, 2016]

35

Freud, *Standard Edition*, 18:273.

36

Solanas, *SCUM Manifesto*, 38.

37

Solanas, *Up Your Ass*, 1.

38

위 극본, 1.

39

Freud, *Standard Edition*, 22:132.

40

Solanas, *Up Your Ass*, 7.

41

Janice G. Raymond, *The Transsexual Empire: The Making of the She-Male*, rev. ed. (1979; New York: Teachers College Press, 1994), 104.

42

위의 책, xvii.

43

위의 책, 30.

44

Fahs, *Valerie Solanas*, 72.

45

위의 책, 244.

46

Solanas, *SCUM Manifesto*, 50–51.

47

Solanas, *Up Your Ass*, 8.

48

Solanas, *SCUM Manifesto*, 51.

49

Solanas, *SCUM Manifesto*, 51.

50

Robin Morgan, "No More Miss America! Ten Points of Protest," in *Sisterhood Is Powerful: An Anthology of Writings from the Women's Liberation Movement*, ed. Robin Morgan (New York: Vintage, 1970), 522.

51

Catharine A. MacKinnon, *Toward a Feminist Theory of the State* (Cambridge: Harvard University Press, 1989), 110.

52

위의 책, 111.

53

위의 책, 113.

54

위의 책, 124.

55

Solanas, *Up Your Ass*, 10.

56

위 극본, 10.

57

위 극본, 9.

58

위 극본, 13.

59

위 극본, 14.

60

위 극본, 13.

61

위 극본, 11.

62

Manisha Krishnan, "We Talked to the Woman Who Is Butt Chugging 'Infinite Jest,'" *Vice*, June 15, 2017, vice.com에서 인용.

63

"#eatinfinitejest: the first year," YouTube video, June 13, 2017, <youtube.com/watch?v=3eO2QfEGK6U>.

64

Krishnan, "Butt Chugging 'Infinite Jest.'".

65

위 기사.

66

Solanas, *SCUM Manifesto*, 59.

67

Krishnan, "Butt Chugging 'Infinite Jest.'".

68

Solanas, *Up Your Ass*, 18.

69

C. Riley Snorton, *Black on Both Sides: A Racial History of Trans Identity* (Minneapolis: University of Minnesota Press, 2017), 17–53.

70

"History and Procedure," *MarciBowers.com*, accessed February 16, 2019, <marcibowers.com/mtf/history-procedure>.

71

John Money, *The Adam Principle: Genes, Genitals, Hormones, and Gender: Selected Readings in Sexology* (Buffalo, NY: Prometheus Books, 1993), 56–57.

72

위의 책, 57.

73

위의 책, 57.

74

Solanas, *Up Your Ass*, 8.

75

Valentine de Saint-Point, "Manifesto of the Futurist Woman(Response to F. T. Marinetti)," trans. Lawrence Rainey, in *Futurism: An Anthology*, eds Lawrence Rainey, Christine Poggi, and Laura Wittman (New Haven: Yale University Press, 2009), 111.

76

위의 책, 110.

77

Solanas, *Up Your Ass*, 2.

78
Solanas, *SCUM Manifesto*, 38.

79
Chelsea L. Shephard, “Call Trans Opt: Transgender Themes in *The Matrix*,” *The Ontological Geek* (blog), October 9, 2012, <ontologicalgeek.com/call-trans-opt-transgender-themes-in-the-matrix>.

80
The Matrix, dir. Lana and Lily Wachowski (USA: Warner Bros., 1999). [매트릭스, 1999]

81
위 영화.

82
Solanas, *SCUM Manifesto*, 68.

83
위의 책, 79.

84
Solanas, *Up Your Ass*, 19.

85
“HOW TO GET LAID LIKE A WARLORD: 37 Rules of Approaching Model-Tier Girls,” Reddit post, November 29, 2016, <reddit.com/r/TheRedPill/comments/5fihmu/how_to_get_laid_like_a_warlord_37_rules_of>.

86
“Red Pill Jargon and Terminology: A resource for the new and a discussion for the old,” Reddit post, September 1, 2014, <reddit.com/r/TheRedPill/comments/2f8410/red_pill_jargon_and_terminology_a_resource_for>.

87
“LIKE A WARLORD.”

88
위의 글.

89
Solanas, *SCUM Manifesto*, 37.

90
위의 책, 38.

91
위의 책, 37.

92
Solanas, *Up Your Ass*, 19.

93
“LIKE A WARLORD.”

94
“WAR OF ATTRITION.” Ibid.

95
Fight Club, dir. David Fincher (USA: 20th Century Fox, 1999). [파이트 클럽, 1999]

96
Ben Beaumont-Thomas, “Fight Club author Chuck Palahniuk on His Book Becoming a Bible for the Incel Movement,” *Guardian*, July 20, 2018, theguardian.com에서 인용.

97
Solanas, *Up Your Ass*, 3.

98
Gavin McInnes, “#NoWanks: How quitting porn and masturbation changed my life,” The Rebel, August 14, 2015, therebel.media.

99
Amber Hollibaugh, “Desire for the Future: Radical Hope in Passion and Pleasure,” in *Pleasure and Danger: Exploring Female Sexuality*, ed. Carole S. Vance (Boston: Routledge & Kegan Paul, 1984), 402.

100

Solanas, *SCUM Manifesto*, 60.

101

위의 책, 61–62.

102

Fahs, *Valerie Solanas*, 189.

103

Solanas, *Up Your Ass*, 4.

104

위 극본, 5.

105

위 극본, 3.

106

Don Jon, dir. Joseph Gordon-Levitt (USA: Relativity Media, 2013). [돈 존, 2014]

107

위 영화.

108

위 영화.

109

Solanas, *Up Your Ass*, 26.

110

"Did sissy porn make me trans or was I trans all a long? (NSFW)" (sic), Reddit post, November 18, 2014, <reddit.com/r/asktransgender/comments/2mn8au>.

111

"Am I a Sissy or MTF? Confused!(Possibly NSFW)," Reddit post, September 2, 2015, <reddit.com/r/asktransgender/comments/3jedmu>.

112

Solanas, *SCUM Manifesto*, 74.

113

Ray Blanchard, "The Classification and Labeling of Nonhomosexual Gender Dysphorias," *Archives of Sexual Behavior* 18, no. 4 (1989): 315–34, 322–23.

114

Ray Blanchard, "Early History of the Concept of Autogynephilia," *Archives of Sexual Behavior* 34, no. 4 (August 2005): 439–46, 441–44.

115

Sheila Jeffreys, *Gender Hurts: A Feminist Analysis of the Politics of Transgenderism* (London: Routledge, 2014), 14–15. [유혜담 옮김, 《젠더는 해롭다》, 열다북스, 2019]

116

위의 책, 95.

117

Solanas, *Up Your Ass*, 27.

118

Leo Bersani, *Is the Rectum a Grave? And Other Essays* (Chicago: University of Chicago Press, 2009), 22.

119

Solanas, *SCUM Manifesto*, 37.

120

Freud, *Standard Edition*, 21:155.

121

위의 책, 21:154.

122

Solanas, *Up Your Ass*, 26.

123

위 극본, 1

124

위 극본, 2.

125

위 극본, 3.

126

Frantz Fanon, *Black Skin, White Masks*, trans. Richard Philcox, rev. ed. (New York: Grove Press, 2008), 123. [(원전 번역판) 노서경 옮김, 여인석 감수, 《검은 피부, 하얀 가면》, 문학동네, 2022]

127

Jane Ward, *Not Gay: Sex Between Straight White Men* (New York: New York University Press, 2015), 153–90.

128

Solanas, *Up Your Ass*, 15.

129

Allan Kaprow, *Essays on the Blurring of Art and Life*, ed. Jeff Kelley (Berkeley: University of California Press, 1993), 219–20.

130

Fahs, *Valerie Solanas*, 329.

131

Solanas, *Up Your Ass*, 26.

132

Fahs, *Valerie Solanas*, 101.

133

Solanas, *Up Your Ass*, 24.

134

위 극본, 26.

135

위 극본, 27.

136

위 극본, 29.

137

Fahs, *Valerie Solanas*, 105.

138

"I A Man Part 7," YouTube video, February 14, 2009, <youtube.com/watch?v=sPQVtIk3g7s>.

139

Fahs, *Valerie Solanas*, 141.

140

위의 책, 144–45.

피메일스

초판 1쇄 인쇄 2023년 1월 25일
초판 1쇄 발행 2023년 2월 8일

지은이 안드레아 롱 추
옮긴이 박종주
펴낸이 이승현

출판2 본부장 박태근
스토리 독자 팀장 김소연
책임 편집 곽선희
공동 편집 강소영 김해지 이은정 조은혜
디자인 인현진

펴낸곳 ㈜위즈덤하우스 출판등록 2000년 5월 23일 제13-1071호
주소 서울특별시 마포구 양화로 19 합정오피스빌딩 17층
전화 02)2179-5600 홈페이지 www.wisdomhouse.co.kr

ISBN 979-11-6812-576-6 03300